KB175618

새로운 길을 만드는 여자들

새로운 길을 만드는 여자들

더 나은 미래를 꿈꾼 여성 인물 이야기

신세은 지음

2023년 5월 26일 초판 1쇄 발행

펴낸이 한철희 | 펴낸곳 돌베개 | 등록 1979년 8월 25일 제406-2003-000018호
주소 (10881) 경기도 파주시 회동길 77-20 (문발동)
전화 (031)955-5020 | 팩스 (031)955-5050
홈페이지 www.dolbegae.co.kr | 전자우편 book@dolbegae.co.kr
블로그 blog.naver.com/imdol79 | 페이스북 /dolbegae | 트위터 @Dolbegae79

편집 김유경·이하나
표지디자인 김민해 | 본문디자인 이은정·이연경
마케팅 심찬식·고운성·김영수·한광재 | 제작·관리 윤국중·이수민·한누리
인쇄·제본 상지사P&B

ISBN 979-11-92836-14-0 (43900)

책값은 뒤표지에 있습니다.

새로운 길을 만드는 여자들

신세은
지음

돌베
개

(더 나은 미래를 꿈꾼 여성 인물 이야기)

차례

그 길에 있는 너에게

1793년 대혁명 중인 프랑스, 한 여자가 단두대로 끌려왔다. 변호사를 선임할 권리까지 거부당하며 홀로 사형 판결을 받은 그는 나라를 혼란에 몰아넣었다는 죄명으로 그곳에 섰다. 하지만 사람들은 알고 있었다. 여자가 단두대에 오른 이유는 다름 아닌 그의 말 때문이었음을.

"여자들이여! 우리의 권리를 깨달읍시다! 여자가 남자처럼 단두대에 설 수 있다면, 그와 함께 연단에도 설 수 있어야 한다는 것을!"

그의 죄는 여자도 남자처럼 연단에 서서 나랏일 할 권리가 있다고 설친 것이었다. 그리하여 단두대에 설 권리가 있다면 연단에도 서야 한다고 외쳤던 여자는 끝내 연단에는 서지 못한 채 단두대에서 죽었다. 그리고 다음날, 남은 여자들은 이런 말을 들었다. '자기 성별을 잊고 오만하게 구는 여자는 저리될 것이다!' 이런저런 이유를 갖다 댔지만, 괘씸죄라는 가장 크고 뚜렷한 이유로 처형당한 이 여자의 이름은 올랭프 드 구주다.

1791년 올랭프 드 구주는 서로 다른 곳에서 배경처럼 취급되는 여성들을 대표하여 글 한 편을 발표했다. 인간과 시민을 일부 남성으로 한정한 혁명의 주역들에게 똑같이 글로 응답한 것이다. 이것이 그를 죽음으로 몰아간 결정적인 이유요, 모든 여성을 인간이자 시민이라고 외쳤던 최초의 선언문 「여성과 여성 시민의 권리 선언」이다. 그 첫 조항은 이렇게 시작한다.

모든 여성은 자유롭고 평등한 권리를 갖고 태어난다.*

수천 년 동안 일부 남성끼리 만들어 온 세상은 그보다 훨씬 많은 사람을 고려할 필요 없는 예외로 두었다. 대혁명에서도 사정은 다르지 않아 당시 프랑스 전체 인구 약 2,900만 명 중 430만여 명만이 인간이자 시민으로 인정받을 수 있었다. 시민의 자격에 '세금을 내며, 독립적이고 이성적인 25세 이상의 남성'이라는 조건이 따라붙었기 때문이다. 반면 문명이 시작된 뒤로 늘 예외에 속한 여성들은 새로운 세상을 위해 함께 싸웠음에도 그 노력

---

*   브누아트 그루, 『올랭프 드 구주가 있었다』, 백선희 옮김, 마음산책 2014, 146쪽.

을 전혀 인정받지 못했다. 가장 바랐던 여성 참정권조차 대혁명 이후로도 오랫동안 거부당했다. 그리하여 세상을 이끄는 것은 언제나 일부 남성의 몫인 듯 보였지만 그것은 좁은 시야의 착각일 뿐. 수없이 다양한 각계각층의 사람이 역사의 현장에 있었고 여성들 또한 늘 함께하는 중이었다. 당신이 생각하는 역사적 순간, 그 언제나 어느 곳에나 그들이 존재한다. 남자를 낳고, 기르고, 거둬 먹인 것은 늘 여자였기에. 그러나 최초의 시간을 손잡고 지나 온 두 존재는 어느 순간 다른 길을 걷게 되었다. '우리는 존재함으로 완전하고 그러므로 평등하다'는 진실은 점차 비밀로 감춰졌다. 하지만 진실을 향한 도전과 투쟁은 한 번도 멈춘 적이 없었다.

올랭프 드 구주는 전통이란 말로 덧씌워진 족쇄를 스스로 깨부수며 외쳤다. 모든 여성은 이 순간, 살아 숨 쉬는 그 자체로 완전하다고. 이런 그의 선언은 대혁명 당시 공포된 인권 선언인 「인간과 시민의 권리 선언」을 비틀며 시작한다. 제1조항에서는 '모든 인간'을 '모든 여성'으로 바꾸었을 뿐이지만 그 자체로 명확하고 명쾌한 선언이었다. '인간'이라고 쓰면서도 여러 조건을 덧붙이며 일부 남성의 권리만 보장해 주었던 「인간과 시민의 권리 선언」과 달리 올랭프 드 구주의 외침은 다른 조건 없이 글자 그대로 모든 여성을 포함했기 때문이다. 나아가 성차별이 계급과 인종, 나이 등을 기준으로 한 다른 차별들에도 늘 서려 있음을 간파한 올랭프 드 구주는 함께 예외가 된 이들을 외면하지 않았다. 이런 그의 싸움은 여성을 넘어 모든 동등한 인간으로 향했다. 흑인 노예, 사형수, 노인과 어린이, 실업자, 저소득 노동자는 물론 최소한의 보호도 받지 못하는 미혼모와 사생아, 식민지 여성 등 당시 최약자들의 권리까지 동시에 주장했던 것이다. 당시는 물론 그 뒤로도 오랫동안 결코 흔하지 않은 행보였다. 그리하여 최초의 인권주의자라 할 만큼 진정한 평등을 외쳤던 그는 과거의 사람이면서도 과거가 아니다. 주제 모르고 날뛰는 오만한 여성이라고 비난받았던 그는 오래전 먼저 미래에 도착해 있었다.

이 순간, 바로 여기 존재하는 당신은 미지의 세계를 눈앞에 둔 탐험가와 같다. 앞으로 펼쳐질 그 길에서 무슨 일이 일어날지는 누구도 알 수 없다. 긴 역사를 볼 때 인류는 늘 과오를 되풀이해 왔다. 하지만 누군가는 그에 맞서며 길을 이어 왔다는 사실을 기억하자.

이 책에서 만나게 될 열 명의 여성은 서로 다른 시간과 장소에서 차별에 맞서며, 불가능하고 비현실적이라던 변화를 이끌어 낸 사람들이다. 슬픔과 좌절을 겪으면서도 자신의 삶을 통해 다른 이들과 함께하며 평등한 세상으로 향한 사람들이다. 어느 때보다 뜨겁고 불안정한 현재를 살면서도 끝내 새로운 길을 만든 그들은 어떻게 폭력에 맞서 함께 나아갈 수 있는지를 몸소 보여 주었다. 그 삶이 긴 여정을 앞둔 우리에게 의미 있는 안내자가 되어 줄 것이다.

아울러 비난과 비웃음 속에 사라진 올랭프 드 구주의 외침이 끝내 잊히지 않은 것은 그 외침을 기억하는 이들 덕분이라는 사실을 잊지 말자. 역사는 그저 지나간 과거에 그치는 것이 아니라 과거와 현재가 서로 질문하고 대답하며 만들어 내는 것일지 모른다. 그렇게 수많은 탐험가가 과거를 바탕으로 현실에 새로운 길을 만들어 왔다. 지금 우리도 마찬가지다. 그 길에서, 당신은 그저 지도를 따라가는 존재가 아니라 지도를 함께 만들어 가는 존재가 된다. 당신의 삶이 첫길이 되어 지도에 새겨질 것이다. 지금 이 순간으로부터 이어질 그 길은 어떻게 펼쳐질까? 거기서 만날 세상은 또 어떤 모습일까? 당신의 여정은 이제 막 시작되었다.

새로운 길을 만드는 여자들

루스 베이더 긴즈버그

(인내와 용기로 법을 조각하다)

"

사람이 하루아침에 바뀔 수는 없다.

우리 사회는 보통 조금씩 나아가며 변화한다.

변치 않고 이어지는 진정한 변화는,

한 번에 한 걸음씩 걸어갈 때 이룰 수 있다.

"

1970년 어느 밤, 루스의 방은 밤늦도록 불이 꺼지지 않았다. 벌써 여러 날이 지났지만, 대법원이 성차별 사례에 대해 내린 판결은 아무리 찾아도 보이지 않았다. 세상이 성차별에 무관심하다는 사실만 똑똑히 확인할 수 있을 뿐이었다. 다시 눈을 돌려 판결문을 보던 루스는 한숨을 내쉬며 책을 덮었다. 거기에는 이렇게 씌어 있었다.

여성에게 가장 중요한 사명은
아내와 어머니라는 숭고한 역할을 해내는 것이다.
이것은 신이 만든 법이다.

법을 공부하고 법조계에서 일하는 동안 여성을 향한 편견과 차별은 루스에게도 흔한 일이었다. 하지만 그런 법을 신이 만들었다고? 신이 내려와 귓속말이라도 했다는 걸까? 루스는 화가 났다. 단지 100여 년 전의 글 때문만은 아니었다. 얼마 전에도 출간한 지 불과 2년밖에 안 된 책에서 '땅은 여성처럼 소유의 대상이 된다'는 글을 읽지 않았던가.

여성의 사회 진출이 금기시되던 사회에서 특히나 법조계는 남성들의 영역이었다. 1953년 루스가 하버드 로스쿨에 입학할 당시 여학생은 전체 학생 500여 명 중 아홉 명에 불과해 늘 구경거리 취급을 받았다. 20년이 흘렀지만 그다지 달라진 게 없었다. 세상도 법도 여성을 남성과 똑같은 사람으로서 인정하지 않았다. 그럼에도 전에 없는 일은 늘 일어나는 중이었다.

법률가이면서 타고난 전략가였던 루스는 그 점을 잘 알았다. 곳곳에 스며든 성차별을 불도저로 밀듯 단숨에 없애기는 불가능하다는 사실도 냉정하게 인식하고 있었다. 그리하여 그가 택한 전략은 '가장 중요하면서도 승리할 수 있는 선례를 만들고, 그것을 발판 삼아 하나씩 바꿔 나가기'였다. 물론 긴 시간과 그 이상의 인내가 필요한 작업이었다. 하지만 따지고 보면 세상에 시간과 인내 없이 되는 일이 어디 있단 말인가.

루스는 다른 논문을 펼쳤다. 그런데 거기 적힌 글을 본 순간, 머릿속에 불꽃이 튀는 것만 같았다. 그것은 아프리카계 미국인이 겪은 인종 차별과 성차별을 함께 연구한

새로운 길을 만드는 여자들

폴리 머리의 논문으로, 헌법에 대해 이렇게 쓰고 있었다.

미국의 헌법에는
변해 가는 세상과 사람의 가치를
법에 따른 해석을 통해 받아들이며
성장할 수 있는 장점이 있다.

본인도 아프리카계 미국인이자 하워드대학 로스쿨의 유일한 여학생이었던 폴리 머리는 수석으로 졸업했음에도 하버드대학의 대학원 입학을 거부당했다. 그가 여성이라는 게 그 이유였다. 인종 차별이 확고한 시대에 성차별까지 더해지며 이중의 차별을 직접 겪은 폴리 머리는 이후 자기 경험을 연구 과제로 삼아 논문을 완성했다. 그와 직접 만난 적이 있던 루스는 여기서 큰 영감을 받았다. 기존의 법을 어떻게 해석하느냐에 따라 새로운 결론을 이끌어 낼 수 있다는 말이 특히 결정적이었다.

오늘날 헌법은 최초의 헌법과는 다르다. 헌법도 세상의 변화에 따라 바뀌어 왔기 때문이다. 법은 딱딱하고 완고해 보이지만 조각할 수 있는 대리석과 같다. 루스는 생각했다. 성차별 금지법을 새로 만들려는 여성들의 시도가 수십 년에 걸쳐 좌절되고 있으나, 어쩌면 지금의 법에서 해결의 실마리를 찾을 수 있지 않을까? 그것을 근거로 헌법이 성차별을 금지한다는 사실에 동의하는 판결을 대법원에서 이끌어 낸다면, 미국 51개 주 법원이 그 영향을 받을 테고, 많은 법이 폐기되면서 현실의 성차별도 함께 무너질 수 있지 않을까? 루스는 뿌연 안개 속에서 방향을 찾은 것만 같았다.

대학에서 법을 가르치며 새로운 수업을 열고, 논문과 글을 발표하고, 미국시민자유연맹의 자원변호사로 일하며 성차별과 싸워 온 그의 온 신경은 다시 헌법으로 향했다. 그러자 '헌법 서문' 첫머리와 '수정 헌법 제14조'가 동시에 눈에 들어왔다.

헌법 서문

우리 연합 주의 모든 시민은……
We the people of the United States……

수정 헌법 제14조

모든 주 정부는 법에 따른 적절한 절차 없이 누군가의 생명과 자유, 재산을 빼앗을 수 없으며, 사법권 안에서 개인에 대한 동등한 보호를 보장해야 할 의무가 있다.

1868년 미국에서는 남북 전쟁 이전에 만들어진 헌법이, 노예를 포함한 아프리카계 미국인에 대해 언급하지 않은 점을 보완하기 위해 '수정 헌법 제14조'가 추가되었다. 당시 이 조항을 채택한 남성들은 함께 힘을 보탠 여성들을 전혀 염두에 두고 있지 않았으나, 차별을 보완할 목적으로 만들어진 조항은 더욱 풍부하게 해석될 가능성을 동시에 품고 있었다. "연합 주의 모든 시민"으로 시작하는 헌법 서문이 바로 그 열쇠였다. 헌법은 그 스스로가 미국의 모든 사람에게 해당한다고 선언하며 시작한다. 법의 테두리 안에서 개인은 모두 동등한 자격을 보장받는다는 뜻이었다. 백인이든 흑인이든 남성이든 여성이든 상관없이. 그러므로 헌법은 이미 성차별을 금지하고 있었다! 이 획기적인 해석은 성차별과의 싸움에 어마어마한 전환점이 되었다.

*

한편 루스는 더욱 바쁘게 움직이며 새로운 해석을 적용할 사건을 찾았다. 헌법이 이미 성차별을 금지하고 있다는 걸 대법원에서 납득할 만큼 설득력 있는 사건이 필요했다. 그 무렵 홀로 어머니를 부양하던 독신 남성 찰스

모리츠가 겪은 차별 사건이 일어났다. 연방 세법에는 노부모를 돌보는 데 들인 돈은 세금을 면제해 준다고 명시하고 있었으나, 그 돌봄이 여성의 역할이라는 이유로 남성인 찰스 모리츠는 면세를 거부당했던 것이다. 이 사건의 피해자는 남성이지만, 성 역할에 대한 편견은 더 많은 여성을 피해자로 만들 게 분명했다. 루스가 '찰스 모리츠 사건' 변론을 맡으며 처음으로 법의 성차별에 맞서던 그때, 아이다호 주에서 벌어진 사건이 전해졌다. 훗날 '리드 대 리드 사건'으로 기록되는 부부 사이의 소송이었다.

죽은 아들의 유산을 두고 대립하던 남편 세실 리드와 아내 샐리 리드 사이에서 아이다호 주는, '유산 관리 자격이 동등한 사람 사이에서는 남성이 여성에 우선한다'는 주 법을 근거로 세실의 손을 들어 주었다. 하지만 유산 대부분은 아들의 손길이 닿은 물건으로, 샐리는 자신을 학대하고 가족을 내팽개친 남편에게 그걸 넘길 수 없었다. 샐리가 도움을 청하자 미국시민자유연맹은 대법원에 항소할 예정이었다. 상황을 전해 들은 루스는 이 사건이야말로 자신이 그토록 찾던 사건임을 바로 알아차렸다. '찰스 모리츠 사건'과 함께 승소한다면 성차별이 성별에 관계없이 모두에게 악영향을 준다는 점을 알릴 수 있을 터였다. 그리하여 루스는 '찰스 모리츠 사건'의 변론 취지

서를 샐리 측 변호사에게 보내며 이렇게 덧붙였다.

'리드 대 리드 사건'에 도움이 될 내용입니다.
여성 변호사가 공동 변호인이 되는 것을 혹시 생각해 보신 적 있을까요?

루스는 살면서 자신이 여성임을 고려해 달라고 먼저 요청한 적이 거의 없었지만, 이 사건은 그럴 만한 가치가 있었다. 그 뒤 샐리의 팀에 합류한 루스는 승소를 이끌어 냈다.

'리드 대 리드 사건'은 성차별을 담은 법은 헌법에 어긋나므로 위헌이라고 대법원에서 판결을 내린 최초의 사건이었다. 이 일로 아이다호 주 법의 해당 조항이 폐기되었고, 수백 개의 조항이 차례로 폐기되면서 성별에 구분을 둔 법들을 재검토할 기회가 생겼다. '리드 대 리드 사건'은 법에 깃든 성차별을 없애는 출발점이자 변화를 이끌어 내는 중요한 싸움으로 남았다. 그리고 법이란 중립을 지키며 모든 사람을 끌어안아야 한다고 믿는 루스의 긴 여정에도 새로운 막이 오르고 있었다.

세상이 조금씩 나아진다고 믿었던 루스는 평생 자기 삶에도 충실했다. 법을 신뢰하는 전략가였던 그는 서두르지 않았고, 욕심 부리지 않았으며, 한 걸음씩 움직였다. '리드 대 리드 사건'에서 승소한 뒤에도 마찬가지였다.

그 대장정의 끝은 이렇다. 기존 법을 새롭게 해석하며 최초의 판결을 이끈 루스는 훗날 '긴즈버그 대법관'으로 널리 알려지게 된다. 여성으로는 두 번째, 유대인 여성으로는 처음으로 미국 대법관이 된 것이다. 보수화되던 대법원에서 진보적인 모습을 보인 그는 수많은 사건의 판결문과 소수의견을 통해, 법이 사람의 마음을 움직일 수 있음을 증명했다. 그는 사랑하는 남편의 죽음, 암 투병, 고령의 나이, 정치적 압박에도 마지막까지 자신의 자리를 지켰다. 2020년 그가 여든일곱의 나이로 세상을 떠나자 대법원에는 수천 명의 사람이 모여 그 길을 함께했다. 유대인 여성으로서 자신이 차별받았던 기억을 잊지 않고 사회적으로 차별받는 이들의 목소리에 귀 기울이며, 시대의 흐름을 담아 평생 법을 조각한 루스 베이더 긴즈버그. 때로는 남성에게 때로는 여성에게도 비난받았지만, 모두를 동등한 인간으로 대하는 법을 위해 평생을 바친 진심은 성별에 상관없는 동의와 지지를 얻었다.

루스는 늘 다른 여성들을 기다리고 있었다. 삶의 파도에서도 용기와 인내를 잃지 않은 여성들이 자신에 뒤이어 올 것이라 믿었다. 그리고 마지막 순간까지, 법이 완전한 평등으로 나아가리라는 믿음을 거두지 않았다. 한 평생 고요하면서도 격렬하게 차별에 맞서 싸운 영웅의 끝은 이렇듯 더없이 평화로웠다.

*

루스 베이더 긴즈버그가 태어나기 약 3,700년 전, 바빌로니아의 함무라비는 자기 이름을 딴 법을 돌에 새겼다. 이것이 바로 '눈에는 눈 이에는 이'로 유명한 '함무라비 법'이다. '눈에는 눈 이에는 이'라는 말을 처음 접하면 이보다 공평한 해결이 어디 있을까 하는 생각이 들기도 한다. 하지만 정말 그럴까?

상업과 무역이 활발했던 그때 사람들은 자기 이익을 위해 치열하게 싸웠고, 함무라비는 그 갈등을 줄이기 위해 법을 만들었다. 그런데 '눈에는 눈 이에는 이'에 담긴 공평함은 같은 평민 사이의 일일 뿐이었다. 평민인 내 눈을 다치게 한 사람이 평민일 때는 되갚아 줄 수 있지만, 상대가 높은 신분이거나 내가 노예일 때는 이 법이 전혀 해당하지 않는 것이다. 게다가 노예와 하인처럼 아내와 자녀도 남성의 재산으로 여겨져 법적으로 차별을 받았다. 만약 아내가 남편을 배신했다고 의심받으면 강에 뛰어들어 무죄를 증명해야 했지만 그 반대의 일은 없었고, 딸이 성폭행을 당하면 가해자는 무거운 벌을 받았으나 가해자가 아버지라면 추방으로 끝났다. 아내와 딸은 사람이 아니라 남편과 아버지의 재산이었기 때문이다. 함무라비의 기대처럼 법은 갈등을 줄이는 효과가 있으면서도 모두에게 공평하지는 않았다. 이렇듯 법에 깃든 차별은 지금도 완전히 사라지지 않고 있다.

우리는 여전히 불완전한 법에 분노를 느낀다. 내 아픔만큼이나 타인의 슬픔과 아픔에도 공감하기 때문이다. 이런 공감이 빠진 세상에는 늘 비극이 싹트곤 했다. 따라서 우리의 분노는 소중한 힘이 될 가능성을 늘 품고 있다고 할 수 있다. 그와 함께 우리는 세상과 법처럼 사람도 완벽하지는 않다는 사실을 기억해야 한다. 법이 늘 공평하지는 않지만, 몇몇 사람이 내린 결론은 그 이상의 차별과 위험을 가져올 수 있다. 어느 때나 어느 곳에서나 훌륭한 왕과 정치인은 있었지만 세상의 혼란은 사라지지 않고 이어졌다. 무능하고 악독한 권력자가 훨씬 많았음에도 신분제라는 차별이 그들의 악행을 정당화했기 때문이다. 법치국가가 된 뒤에도 비슷한 일이 벌어졌다. 베트남 전쟁의 진실을 숨기려고 언론을 탄압했던 닉슨을 비롯한 미국의 여러 대통령이나 해방 뒤로 정권을 잡은 우리나

루스 베이더 긴즈버그

라 독재자들처럼, 법을 마치 개인의 것인 양 소유하려고 했던 이들이 생겨난 것이다. 몇몇 사람에게 세상을 맡기거나 법을 독점하게 만드는 것은 옳지 않을뿐더러 효과적이지도 않다는 사실을 깨달은 인류는 이제 법을 확대시키기 위해 노력하고 있다. 법은 모든 사람을 끌어안기 위해 지금도 끊임없이 변화하는 중이다. 여전히 불완전한 법이 그럼에도 사라지지 않은 이유다.

시대와 사회의 상식이 담긴 법은 그 자체로 하나의 세상이 된다. 어느덧 우리 삶은 법과 뗄 수 없는 것이 되었다. 법을 중심으로 돌아가는 사회에 법 없이 사는 사람은 존재할 수 없다. 그저 그 테두리에서 밀려나 법의 보호를 받지 못하는 사람이 있을 뿐이다. 그러므로 법을 살피는 일은 세상을 가꾸는 일이라고 할 수 있다. 더 많은 이를 끌어안도록 법이 바뀌는 동안 세상은 앞으로 나아갔고, 우리 삶에도 변화가 생겼다. 그럼에도 불완전한 법과 함께하며 변화를 이뤄내는 데에는 언제나 긴 시간이 걸린다.

청소년으로서 그 변화를 실감하기란 더욱 어려운 일이다. 실제로 우리나라의 법은 어린이·청소년의 삶에 대해 여전히 많은 부분을 공백으로 남기고 있다. 가정의 중심에는 부모의 가치관에 따른 규칙이 자리하고, 대부분

대학 입시가 최종 목적지인 학교에서는 의무와 처벌을 중심으로 하며, 가정과 학교 밖에 자리한 이들은 청소년으로 인정받기도 쉽지 않다. '사랑의 매'라는 말이 여전히 사라지지 않은 세상에서는 훈육과 학대, 교육과 폭력의 경계가 모호하여 어린이·청소년의 권리가 자주 무시되곤 한다. 또한 학교를 벗어난 이들은 보호받을 공간뿐 아니라 목소리를 낼 창구를 찾기도 어렵다. 교복을 청소년의 상징으로 이야기하는 사회에서 이들은 존재조차 지워진다. 권리라는 말 자체가 낯선 이들에게 가정과 학교는 물론 그 너머에서도, 법은 많은 순간 도움이 되지 못하며 때로는 오히려 좌절감을 더한다. 그럼에도 이런 문제를 인식하는 것이 곧 시작임을 잊지 말자. 법의 차별을 발견하고 함께 분노하는 것이 평등한 세상으로 나아가는 과정임을 말이다. 그리하여 루스 베이더 긴즈버그의 전략은 여전히 의미가 있다. 거대한 꿈을 꾸며, 사람들과 힘을 모아, 하나씩 바꿔 나가기. 변화는 언제나 시간이 지난 뒤에야 느낄 수 있음을 역사는 보여 주기 때문이다.

　행복하게 살 권리와 의무가 있는 우리는 모두 똑같은 인간임을 기억하라고 했던 루스 베이더 긴즈버그. 그의 말은 삶의 권리를 인정받지 못하고 배제되는 이들에게로, 법의 한계가 언제나 가장 먼저 나타나는 곳으로 향한다.

오늘날 미국과 유럽을 비롯한 세계 여러 나라에는 차별을 금지하는 법이 있다. 덴마크에서는 1939년 인종 차별금지를 시작으로 차별금지법을 제정했고, 1973년에는 프랑스가 1987년에는 스웨덴이 그 뒤를 이었다. 특히 스웨덴의 법은 처음부터 성 소수자에 대한 차별을 금지했다는 특징이 있다. 1977년 인권법을 제정하며 1996년 성적 지향에 대한 차별을, 2017년 젠더 정체성을 향한 차별을 법으로 금지한 캐나다는 지금도 다양성을 위해 법을 조각하는 중이다. 1993년 인권법을 만든 뒤에도 성적 지향을 둘러싸고 갈등을 겪었던 뉴질랜드는 2013년 동성 결혼을 법으로 인정했다. 영국은 2010년 평등법을 제정한 뒤로 장애인, 성 소수자, 여러 인종 등을 그 안으로 끌어안는 중이며, 2014년 평등법을 도입한 노르웨이도 마찬가지다. 한편 미국에서는 2020년 6월, 성적 지향과 성 정체성을 근거로 노동자를 해고해선 안 된다는 판결을 통해 차별금지법을 처음으로 성 소수자에게 적용시켰다. 이런 내용은 2000년 선포된 「유럽연합 기본권 헌장」에도 실려 있다. OECD 가입국 중 우리나라와 일본 등을 제외한 거의 모든 나라에 비슷한 내용의 법이 존재한다.

2023년 사실혼 관계의 이성 부부처럼 동성 부부에게도 건강 보험 피부양자 자격이 인정되어야 한다는 역사적인 첫 판결이 나온 우리나라의 경우 '포괄적 차별금지법'을 제정하기 위한 싸움이 2007년부터 이어지고 있다. 성별, 장애, 나이, 국적, 신체적 특징, 가족 형태, 성적 지향 등 어떤 이유로도 차별은 용인될 수 없다고 선언하는 이 법안은 법의 평등을 위한 의미 있는 진전이자 인간의 선한 마음을 보완해 줄 장치라고도 할 수 있다. 눈에 보이는 차별뿐 아니라 잘 보이지 않는 차별을 함께 없애고, 내가 모르는 곳에서 고통받는 이들까지 끌어안는 일은 결국 모두에게 동등한 법으로 가능해진다. 그러므로 불완전한 법을 개선하려는 노력은 평등한 세상을 위한 일이며, 언제나 우리 자신의 삶으로 향한다.

'여성의 권리'라는 표현은 다소 문제가 있다.
인간의 권리다.
법의 평등한 보호를 받을 모든 인간의 권리다.*

---

* 루스 베이더 긴즈버그·헬레나 헌트, 『긴즈버그의 말』, 오현아 옮김, 마음산책 2020, 60쪽.

해리엇 터브먼

(인간 본연의 모습을 선택하다)

"

누구도 나를 산 채로 잡아갈 수 없을 것이다.
힘이 남아 있는 한 자유를 위해 싸우리니.

"

1860년 봄, 미국 뉴욕의 한 경찰서로 수많은 사람이 몰렸다. 자유민 흑인, 남부에서 도망친 흑인 노예, 노예제에 찬성하거나 반대하는 백인, 별생각 없는 사람…… 서로 다른 입장의 눈은 모두 그 앞에 선 찰스 낼리를 향하고 있었다. 백인 주인과 흑인 노예 사이에서 태어난 그는 같은 처지의 여자와 결혼하고 얼마 뒤 혼자 노예로 남았다. 아내의 주인이자 아버지가 지불한 돈으로는 아내와 딸의 자유만을 살 수 있었기 때문이다. 서로 떨어져 살며 1년에 한 번만 만나라던 남부의 법은 몇 년 뒤 각자 재혼하여 다시 보지 말 것을 명령했다. 그것만큼은 도저히 따를 수 없었던 찰스 낼리는 가족들과 함께 노예제가 폐지된 북부로 도망쳐 살다 결국 붙잡혔다. 도망 노예를 주인에게 되돌려 보낸다는 남부의 법이 북부에 퍼지다 뉴욕에서도 통과할 무렵이었다.

주인에게 돌아간 노예들을 기다리는 것은 고문과 죽

31

음으로, 이는 잔인한 보복이자 본보기였다. 자유로운 도시 뉴욕의 사람들은 저마다 흥분하고 분노하며 서로 다른 입장으로 나뉘었다. 그중에는 찰스 닐리를 자유민으로 풀어 주기 위해 그를 사들이겠다는 사람들도 있었는데, 금액을 계속 올리며 거래를 무산시키는 주인 탓에 분위기는 더욱 험해지는 중이었다. 폭발할 듯 뜨겁게 달아오른 이른 봄의 거리, 허리가 굽은 한 노인이 햇빛을 가릴 모자를 쓴 채 곁에 있던 아이들에게 귓속말을 했다. 얼마 뒤 곳곳에서 이런 소리가 울려 퍼졌다.

"불이야! 불이야!"

그러자 건물마다 비상벨이 시끄럽게 울리며 사람들이 쏟아져 나왔고, 이제 거리는 서 있기도 힘들 정도가 되었다. 찰스 닐리를 마차까지 데려가야 하는 경찰은 한숨이 나왔지만 다른 방법이 없었다. 그렇게 여러 명이 찰스 닐리를 둘러싸고 조금씩 앞으로 나아갈 때였다. 갑자기 아까 그 노인이 경찰 앞을 막아섰다. 비켜서라는 말에도 꿈쩍하지 않았다. 아무리 밀쳐 봐도 소용이 없자 경찰은 당황했다. 그 틈에 재빨리 굽은 허리를 편 노인이 손가락을 들며 외쳤다.

"저 사람을 잡아라!"

모두의 눈길이 그리로 향하는 순간, 자신을 제지하던

새로운 길을 만드는 여자들

경찰을 쓰러뜨린 노인은 다른 경찰의 손에서 빠르게 찰스 넬리를 낚아챘다. 그러고는 자기 모자를 그에게 씌우며 길을 터 달라고 소리쳤다. 여성용 모자를 쓴 찰스 넬리는 이제 눈에 띄지 않았고, 당황한 경찰들이 거칠게 방망이를 휘두르자 사방은 아수라장이 되었다. 하지만 옷이 찢기고, 신발이 벗겨지고, 방망이에 온몸을 두들겨 맞으면서도 노인은 끝까지 그 손을 놓지 않았다. 그러고는 멈추지 않고 달려가, 빼앗긴 자유를 찰스 넬리에게 되돌려 주었다.

실제 있었던 이 일은 신화 속 영웅의 일화처럼 느껴지기도 한다. 그런데 대체로 건장한 남자인 허구의 영웅들과 달리 노인은 노예로 태어나 사람으로 인정받지 못했던 흑인 여성이었다. 그는 스스로 자유를 되찾았고, 수많은 사람을 직접 구했으며, 남북 전쟁에 참전해 노예 수백 명을 해방시켰다. 남부 곳곳에 현상금이 걸렸던 그는 당시에도 훗날에도 성경 속 모세에 비유되곤 했다. 하지만 이집트 왕족으로 살다 정체성을 되찾고 민족을 이끈 남성 모세와 달리 그는 폭력과 학대 속에서 태어나 늘 최약자에 속하면서도 평생 차별에 맞섰다. 스스로를 해방시킨 사람. 모두의 자유를 위해 늘 약자의 편에 선 여성. 한 인간이 어떻게 위대해지는지 보여 준 노예 해방 운동가

해리엇 터브먼

이자 남북 전쟁 최초의 여성·흑인 장군이며 여성 참정권 운동가인 해리엇 터브먼의 이야기다.

*

오래전 해리엇의 조부모가 아프리카 노예사냥으로 잡혀와 낯선 땅에서 살아간 데서 보듯, 노예 제도는 곧 폭력의 대물림이라 할 수 있다. 사람은 아니지만 사람 말을 하고 말귀를 알아들을 수 있는 노예들은 흔히 '말하는 재산'이라 불렸다. 자손들도 같은 처지가 되어 지독한 학대와 착취 속에 평생 일만 하다 죽었으며, 어린이라고 다르지 않았다. 다섯 살 때부터 주인 집 아기를 돌본 해리엇은 아기가 깨어나 울 때마다 채찍으로 맞았는데, 그중 여러 번 연속으로 맞아 생긴 흉터는 평생 지워지지 않았다.

특별한 일은 아니었다. 언제 어디서건 노예의 처지는 비슷비슷했기 때문이다. 가끔 선의를 보이는 주인들도 있었지만, 자신과 노예가 서로 평등하다고 믿는 사람은 거의 없거나 극히 드물었다. 세상은 생김새, 성별, 핏줄 등 여러 잣대로 차별을 당연하다 말했다. 인류 문명과 함께 시작된 이 오랜 악습은 오늘날에도 우리가 넘어야 할 한계라고 할 수 있다. 노예 제도는 사라졌지만 흑백 갈등이 여전한 미국은 물론, 유럽에서도 아시아인을 향한 혐오가 거세다. 우리 역시 한민족이라는 환상 속에 때로 인지하지도 못한 차별을 행한다. 식민지 시기를 거치며 깊고 짙은 흔적을 남긴 차별이 이민자를 향한 또 다른 차별로 이어지고 있는 것이다. 마치 수천 년 동안 업데이트되지 않은 프로그램처럼 차별은 낡고 진부하고 게으르면서도 질긴 생명력으로 지속되는 중이다.

그런데 차별만큼 오래된 것이 있으니 바로 그에 대한 저항이다. 차별하는 세계와 그에 맞서는 세계는 늘 부딪쳐 왔고, 그 과정에서 변화가 일어나곤 했다. 결국 차이를 만드는 것은 어느 쪽을 선택하느냐의 문제일 뿐이다.

노예 주인은 종종 돈을 받고 다른 사람에게 자기 노예를 빌려주었기에, 십 대가 된 해리엇도 자주 집을 떠나야 했다. 열세 살이 된 어느 날, 도망치는 노예를 잡으라는 새 주인의 명령에 응하지 않은 해리엇은 그 주인이 던진 금속 덩어리에 맞아 머리에 큰 상처를 입고 만다. 치료도 받지 못하고 집에 돌아와 한동안 누워만 있던 그는 간신히 죽을 고비는 넘겼으나, 이때 입은 상처의 후유증으로 평생 수면발작을 겪는다. 그런데 누워 있던 해리엇에게 기적 같은 일이 일어난다. 민족을 이끄는 모세와 기뻐하는 사람들, 이리 오라고 손짓하며 환하게 웃는 이들이 너무도 생생하게 눈앞에 보인 것이다. 이 환상에 자신의 사명이 있다고 믿은 해리엇은 그 순간 처음으로 자유를 꿈꾸게 된다.

당시 남부의 기독교는 신에게 복종하듯 주인을 따라야 한다며 노예제를 정당화하고 있었다. 하지만 자유를 경험한 적 없고, 글자조차 몰랐던 해리엇은 이 왜곡된 믿음을 스스로 거부하기 시작했다. 인간에게 자유란 억압할 수 없는 본능과도 같다. 억압에 저항하는 사람들은 늘 있기 마련인데, '지하철도'는 그 시절 가장 적극적인 저항 단체 중 하나였다. 이들은 차장(노예 해방 운동가)이 손님(노예)을 이끌고 곳곳의 정거장(노예 해방 지지자들의 집)을 거쳐 북부로 데려오는 일에 힘을 쏟았다. 길게는 몇 주가 걸리는 여정은 현상금 사냥꾼을 피해 밤에만 걸어서 이동했기에 험난했고, 들키면 죽음이라는 위험이 함께했지만 어느덧 남부 전역에 이들의 활동이 은밀하게 알려지고 있었다.

선택의 순간은 늘 예고 없이 찾아온다. 해리엇의 삶에서도 그랬다. 주인이 세상을 떠나며 해리엇의 가족에게 자유를 주겠다고 유언을 남기자 기뻐한 것도 잠시, 얼마 뒤 남은 가족들이 그 유언을 거부했다는 소식이 전해졌다. 이십 대의 젊은 노예인 해리엇이 가장 먼저 팔릴 것이라는 소문이 돌았다. 그리고 어느 날, 해리엇은 늦은 밤 숲으로 향했다. 도망치다 잡히면 죽음이었지만 그는 자유를 향해 스스로 위험을 선택했다. 일행을 만나기까지 홀로 달리는 동안에도 달빛에만 의지한 걸음을 멈추지 않았다. 해리엇은 마침내 자유의 땅에 도착했다. 그곳은 북부의 필라델피아 주였고, 공기마저 다른 듯한 그곳에서 해리엇은 새 삶을 시작했다. 힘든 노동은 여전했지만 자기 이름으로 돈을 모았고, 가고 싶은 곳으로 이동했으며, 누구도 그를 강제하지 못했다. 우리에게 당연한 이 권리를 해리엇은 목숨을 건 뒤에야 누렸고, 많은 사람이 여전히 그가 겪었던 고통 속에 놓여 있었다.

*

낡고 진부하고 게으른 차별은 '원래 그런 것'이라는 실체 없는 믿음으로 지속된다. 알고 보면 공허한 그 믿음 안에는 여러 모순이 자리하기에 예민한 사람들은 누구보다 먼저 그 점을 알아차린다. 북부에 도착해 두 손을 바라보던 해리엇은 자기 자신은 남부에서와 달라진 게 없음을 깨달았다. 그저 경계선 하나를 건넜을 뿐인데 '말하는 재산'에서 '사람'이 되는 현실의 부당함을 스스로 깨우친 것

해리엇 터브먼

이다. 그는 이 자유를 혼자서만 누려서는 안 되겠다고 여겼다. 내가 누리는 것은 다른 이들에게도 당연한 것이어야 한다. 신 앞에 우리는 모두 똑같은 존재이므로. 그 순간 해리엇은 다시 선택을 했고, 어렵게 떠나온 남부로 발길을 돌렸다. 거기 남은 사람들의 자유와 권리를 위해 자신의 사명이라 믿는 일을 시작한 것이다.

그 뒤 해리엇은 '지하철도'에 몸담으며 가족과 친구, 수많은 사람을 북부로 이끌었다. 손님을 놓친 적은 한 번도 없다고 자부할 만큼 최고의 차장이 된 해리엇은 북부와 남부에서 서로 다른 의미로 이름을 떨쳤다. 그 무렵 남북 전쟁이 일어났다. 도움을 요청받은 그는 노예 제도를 없애기 위해 전쟁터로 향했고, 남부 지역에 익숙지 않은 북부군을 지휘하며 수백 명의 사람을 해방시켰다. 전쟁이 끝난 뒤에는 가진 것을 모두 털어 '해리엇의 집'을 세우고 가난한 흑인과 참전 용사, 가족을 잃은 어린이와 여성, 노인을 돌보았다. 여성 참정권 운동의 물결이 시작되면서는 죽는 날까지 여성의 권리를 위해 함께 싸웠다. 신 앞에 모든 사람은 똑같다는 믿음으로 그는 늘 저항하는 세계를 선택했다. 자유와 평등을 위해 평생을 달렸다.

하지만 차별을 고수하던 남부에서는 재산권을 침해하는 악당이라며 그를 비난했고, 북부에서는 남북 전쟁 최초의 흑인 장군이자 유일한 여성 장군으로 참전한 업적이 비공식 기록이라는 이유로 그에게 약속한 급여와 연금을 주지 않았다. 세상은 그가 해낸 일에 감탄하면서도 여성의 능력을 의심하며 여성들의 권리를 인정하지 않았다. 이에 해리엇은 더디기만 한 세상의 변화에 좌절하는 대신 여전히 그 가능성을 믿으며 당장 할 수 있는 일을 찾았다. 내게 일어나는 일은 모두 신의 뜻이므로 그저 해야 할 일을 한다던 그는, 불완전한 세상 너머에서 다가오는 완전한 세상을 보았다. 그 믿음은 독실하면서도 수동적이거나 맹목적이지 않았다. 해리엇은 제 삶에 주어진 선택을 냉정하게 인식했을 뿐 아니라 늘 성실하게 답했다. 그리고 신 앞에 모든 사람이 평등하다는 사실을 죽는 날까지 믿었다. 주인의 명령을 거부하며 도망치는 노예를 붙잡지 않았던 그 순간, 자기 자신도 제 힘을 알지 못했던 그 순간에 해리엇의 위대한 걸음은 이미 시작된 터였다.

사람이 사는 동안 자기 경험을 넘어서기란 쉽지 않다. 그럼에도 역사의 여러 순간마다 변화의 분기점을 만들며 새로운 세상으로의 도약을 이끈 사람들이 있다. 차별과 저항이 공존하는 세계에서 늘 저항을 선택한 해리엇 터브먼은 인간 본연의 모습을 생각하게 하는 인물이다. 자신의 아픔으로 사람과 세상을 이해한 그는 언제나 위험을 향해 달렸고, 그것은 오늘날 당연한 자유와 권리가 되었다. 그의 삶은 지금 우리에게 묻는다. 나를 구하는 용기가 다른 이들을 구하며 변화를 이끄는 시작이 될 것이라고 모두가 함께 믿는다면 과연 무슨 일이 일어날까? 그런 힘이 내게 존재한다는 사실을 믿을 수 있는가?

*

우주에 대한 여러 가설과 이론 가운데 '평행우주' 이론이 있다. 한 뿌리에서 나온 가지처럼 시작은 같지만 평행선과 같이 만나지는 못하는 우주가 무한히 만들어진다는 가설이다. 그에 따르면 우리의 선택마다 또 다른 수많은 우주가 생겨난다고 한다. 내 삶의 사소한 선택이 정말 우주를 만들어 낼까 싶기도 하다. 그런데 어쩌면 바로 그런 이유로, 삶이란 게 어려운 것 아닐까 하는 생각이 든다.

선택의 문제는 일상적인 고민 사이에 삶의 방향, 도덕적 선택, 인간에 대한 입장 같은 거대한 문제가 불쑥 끼어드는 식으로 나타나곤 한다. 비슷한 나날이 이어지다 갑자기 튀어나오는 이 문제들에 맞닥뜨리면 차선 없는 고속도로에 순식간에 들어선 듯 당황스럽다. 내 몸이 아프든 마음이 불안정하든 상관없이 선택의 순간은 찾아오고, 어떤 결과와 함께 거기서 이어지는 낯선 길만 남기고 떠난다. 그리하여 때로는 선택을 후회하며 힘들어하고, 때로는 선택한 건지 아닌지 꺼림칙한 느낌이 가시지 않고, 때로는 이도저도 결론 내지 못한 채 좌절감과 패배감을 맛보기도 한다. 어느 때는 '나는 아무 선택도 한 적이 없다'는 억울함이 느껴지기도 할 것이다. 하지만 아무것도 선택하지 않은 것조차 선택이라는 혹독한 진실이야말로 우리 삶의 무게를 보여 준다.

그리하여 선택에는 갈등이 늘 함께한다. 이게 정답일까? 위험하지는 않을까? 손해는 아닐까? 선택의 길목에는 '내가 잘못될 것 같은 두려움'과 '내 잘못이 될 것 같은 두려움'이 나란히 서 있다. 때로는 스스로 감당하지 못할 것이라 여기며 다른 누군가나 무언가에 선택을 떠넘기기도 한다. 다른 존재에게 기대어 나의 두려움을 해소하려는 것이다. 그런데 그 두려움에는 선택할 '권리'가 함께 존재한다. 내 몫의 두려움을 포기하는 것은 그 권리도 함께 넘겨준다는 뜻이며, 타인이 내 삶에 영향력을 갖도록 허락한다는 뜻이 된다.

두려움을 사이에 둔 이런 거래 관계는 늘 있어 왔다. 게다가 때로는 놀랄 만큼 비이성적이거나 아주 사소한 거래 관계가 나타나기도 한다. 수상쩍은 사이비 종교가 계속 등장하는 것도, 출처가 불확실한 정보를 아무 비판 없이 받아들이는 일도 마찬가지다.

어느 때고 선택은 쉽지 않다. 당신뿐만이 아니라 다른 사람들도 마찬가지다. 그러니 그 일에 따르는 두려움에 집중하는 대신 그 너머를 떠올려 보자. 늘 옳은 선택을 할 순 없다 해도 그 결과를 스스로 책임질 수 있다는 믿음, 내 삶이 나와 함께 움직인다는 자부심, 나와 타인과 세상을 알아가고 깨닫는 기쁨이 그 안에 담겨 있다. 무엇보다 후회와 반성을 반복하며 경험을 쌓는 동안 우리는 혼자서 할 수 있고 해야 하는 일 그리고 다른 사람과 힘을 합치고 기다려야 하는 일을 구별할 수 있게 된다.

하지만 다른 누군가나 무언가에 두려움과 함께 선택할 권리를 넘기는 순간, 그런 힘과 미래는 사라지고 우리는 그 존재에 압도당하며 휘둘리게 된다. 의존은 결국 맹목적이고 수동적인 믿음으로 변한다. 더는 믿음이라 할 수도 없는 공허한 그것은 종교 전쟁과 이념 전쟁처럼 거의 늘 폭력으로 채워졌다. 그리하여 타인과 세상뿐 아니라 결국 자신도 멍들게 한다. 신의 뜻이라며, 당연한 일이라며, 네 잘못 때문이라며 얼마나 많은 폭력이 그럴듯한 말로 세상을 짓밟았는지 우리는 알고 있다. 공허한 믿음

해리엇 터브먼

은 반성 없는 확신이 되어 비극을 만든다. 거대한 역사뿐 아니라 개인의 삶에서도 마찬가지다. 어쩌면 어딘가에는 다른 선택으로 이어진 전혀 다른 세상이 존재할지 모른다. 우리가 소망하는 것들이 일상이고 상식일지 모른다. 그런데 그건 정말 다른 세상에서만 가능한 일일까? 우리는 이렇게 또다시 선택과 마주한다.

해리엇 터브먼은 태어나기 전부터 이미 많은 걸 빼앗긴 사람이었다. 세상은 그에게 사람이 아니라고, 그 삶은 운명이며 할 수 있는 건 아무것도 없다고 말했다. 그럼에도 그는 주인의 명령을 거부하고 누군가를 구했다. 거기서 이어진 선택은 늘 저항하는 세계로 향하며 자신을 구하고, 다른 이들을 구하고, 세상을 변화시켰다. 우리의 선택으로 또 다른 우주가 생겨난다는 이론은 가설이지만, 그의 선택은 많은 생명을 살리고 변화를 이끌어 한 사람에게 깃든 위대한 힘을 증명해 냈다.

사람의 탄생과 죽음 사이에 선택이 있다. 삶은 그러한 선택으로 이뤄진다. 큰 변화가 없어 보이는 십 대의 삶도 다르지 않다. 일상은 지루하고 예측 가능하다고 느껴지지만 그 안에서는 수많은 사람의 서로 다른 세계가 늘 부딪친다. 그것이 세상을 움직이며 어느 쪽으로든 나아가게 한다. 그중 나의 선택은 어디로 향하고 있을까? 그것

새로운 길을 만드는 여자들

은 정말 내가 원하는 방향일까? 내가 바라는 사람과 세상은 어떤 모습일까? 그 거대한 질문에 답하는 데는 시간이 걸리겠지만, 나의 하루가 모여 결국 내가 선택한 답이 될 것이다. 어느 방향으로든 세상을 움직일 것이다. 앞으로 나아갈수록 두려움은 점점 작아지고, 함께하는 사람들이 나타나며, 더디지만 세상도 변해 갈 것이다. 해리엇 터브먼처럼 당신에게는 그런 힘이 있다. 우리는 똑같은 존재이므로. 다만 그것을 믿을지는 선택의 문제다.

자유는 모두가 똑같이 누려야 한다.
인종과 성별, 그 무엇에도 상관없이.

해리엇 터브먼

에멀린 팽크허스트

(대의를 위해 싸우는 여성을 증명하다)

"

인류의 절반인 여성이 자유롭지 못한 세상에

진정한 평화는 존재할 수 없다.

"

1910년 11월 18일 금요일, 영국 런던에 한 물결이 일고 있었다. 총 300명, 열두 명씩 조를 이룬 그들은 모두 여성이었고 국회의사당으로 향하는 중이었다. 여성 참정권을 두고 정부와 싸워 온 그들에게 오늘은 결실의 날이 될 예정이었다. 물론 '부유한 여성 100만 명'이라는 제시안은 원래 목표에 한참 미치지 못했지만, 여성의 첫 투표는 그 자체로 의미가 있었다. 이건 시작일 뿐이라고 생각한 여성들이 제안을 받아들이며 의회를 통과한 법안이 마침내 세상에 나오려던 참이었다. 하지만 그 순간 총리의 변심으로 모든 일이 허사가 되고 말았다.

그동안의 노력이 허무하게 무너지자 여성들은 탄식했고 이내 분노했다. 공식적인 약속까지 지키지 않은 정부의 태도는 어떤 무시나 비난과도 비교할 수 없었다. 그리하여 여성들은 항의의 뜻으로 행진을 시작했다. 어떤 소동도 벌이지 않았다. 그저 총리에게 묻고 싶었던 거다. 이 일을 어떻게 보상할 것인가? 여성들은 대답을 들을 권리가 있었다. 하지만 총리의 대답 대신 경찰이 몰려왔다. 갑자기 밀려든 경찰이 방망이와 주먹을 휘두르며 발길질을 시작하자 현수막을 들고 대화를 요구하던 여성들은 그대로 폭력에 짓밟혔다. 사방에 피 흘리며 쓰러지거나 끌려가는 여성들이 가득했고, 치맛자락이 머리까지 들춰지는 모욕이 더해졌다. 무려 여섯 시간 동안 이어진 이 일은 '어둠의 금요일'이라 불리며 세상에 큰 충격을 주었다.

그 가운데에는 한 중년 여성도 있었다. 맨 앞에서 행진을 이끌던 그는 일방적인 약속 파기와 폭력에도 싸움은 끝나지 않았다고 생각했다. 여성들이 함께 높여 온 목소리는 흩어질지언정 사라지지는 않는다고 말이다. 그는 이 폭력을 겪어도 되는 사람은 아무도 없다는 걸 알았다. 그리고 확신했다. 여성 참정권은 선택의 문제가 아니라는 사실을. 더디지만 움직이는 세상을 저들도 결국 인정하게 되리라는 것을. 싸우는 여자가 되어 세상에 맞서기로 결심한 그의 이름은 에멀린 팽크허스트였다.

＊

올랭프 드 구주가 처형당하고 100년이 지난 1893년, 세계 최초로 뉴질랜드 여성들이 정치에 참여할 권리를 얻었다. 그 뒤로 여성 참정권은 오스트레일리아를 거쳐 유럽의 여러 나라로 퍼져 갔다. 그런데 영국에서는 여성들이 그 권리를 얻기까지 더욱 치열한 과정이 이어졌다. 어린 시절부터 여성 참정권 운동을 곁에서 지켜본 에멀린은 정중하게 오가는 말과 행동 사이의 모순을 발견했다. 남성 정치인들은 늘 새로운 법을 약속했지만, 약속이 실제로 지켜진 적은 단 한 번도 없었던 것이다. 기존의 투쟁 방식엔 한계가 있다고 여긴 에멀린은 1903년 스스로 '여성사회정치연합'을 조직했다. 자기 권리에 목마른 여성들의 폭발적인 지지가 뒤를 이었다. 이들이 원하는 것은 오직 하나, 투표권이었다. 그 구호도 명쾌했다. "말 대신 행동을!"

여성 참정권 운동에 적극적이었던 이 여성들은 '서프러제트'Suffragette라 불렸다. 작고 하찮다는 뜻이 담긴 그 말은 곧 조롱이자 비웃음이었고 비난이었다. 신사의 나라에 사는 정숙한 숙녀답지 않음을 탓하는 말이었다. 하지만 전통적인 여성상을 벗어나는 것은 곧 그들의 목표이기도 했다. 세상이 바라는 것이 집에만 머물며 고분고분하고 순종적인 여성이라면, 우리는 기꺼이 하찮고 자유로운 존재가 되리라! 그리하여 의도와 달리 그 말을 기

꺼이 받아들인 여성들은 스스로를 서프러제트라 칭했다.

흔히 과격했다고 이야기되는 서프러제트의 가장 큰 항의 방식은 행진이었다. 자기 생각을 말하거나 질문하는 것조차 숙녀의 예의에 어긋난다며 기겁하는 세상에서는 여성들이 모여 걷기만 해도 폭력적이라며 기겁했다. 하지만 오랜 편견과 무시에도 서프러제트는 더욱 다양하고 기발한 방식으로 자신들의 요구를 멈추지 않았다. 먼저 그들은 새로운 법을 약속하는 남성 정치인들에게 확실한 보장을 요구하며 질문을 던졌다. "여성에게 투표권을 주겠습니까? 질문에 대답하세요!" 이렇게 멈추지 않고 질문하다 체포당하는 일도 있었다. 여성은 질문에 대답을 요구하는 것만으로도 난폭죄로 체포되는 세상이었다. 그럼에도 겁먹지 않은 여성들은 총리의 집에 찾아가 계속 문을 두드렸고, 편지를 보냈으며, 때로는 차에 뛰어들었고, 건물 철책에 쇠사슬로 몸을 묶기도 했다. 그뿐이랴. 공원, 공장, 광장, 시골, 도시 어디서든 의자를 딛고 서서 연설했다. 여성을 가로막는 국회 연단 대신 수많은 연단을 스스로 만들어 거침없이 올랐다. 여기저기서 의자를 들고 나타난 여성들을 본 아이들은 이렇게 외쳤다.

"서프러제트다! 서프러제트가 왔다!"

소수자, 즉 사회적으로 권리를 보호받지 못하는 이들

의 문제는 다수자들이 보기엔 굳이 알지 못해도 사는 데 불편함이 없는 것이기에 늘 바닥에 가라앉아 있다. 목소리를 높이며 시끄럽게 외치기 전까지 세상은 그들을 모르고 관심도 없다. 지금도 차별받는 사람들이 이 소란스러운 저항의 방법을 택하는 것은 같은 이유에서라고 할 수 있다. 비난받더라도 존재를 드러내는 것이 그냥 무시당하는 것보다 낫기 때문이다. 스스로 목소리를 높이지 않는 한 세상은 그 권리는커녕 존재도 인정하지 않는다. 그 점을 파악한 에멀린은 권리를 주장하기 위해서는 그 존재부터 인정받아야 한다고 생각했다. 여성이 권리를 얻기 위해서는, 여성이 남성과 같은 사람임을 먼저 알려야 했던 것이다.

당시 다른 곳과 마찬가지로, 영국에서도 여성을 남성과 대등하게 여기는 사람은 거의 없었다. 그리하여 여성들은 자신들이 집에 머무는 온화한 아내이자 어머니가 아니라 희로애락을 느끼며, 자기 권리를 위해 싸우고, 대의를 위해 단결하는, 남성들과 똑같은 사람임을 보여 줘야 했다. 이런 서프러제트의 싸움에 사람들이 호기심을 보이자 어느덧 신문에는 날마다 그 소식이 오르내렸다. 처음에는 서프러제트를 향한 비난과 조롱이 대부분이었지만, 사람들은 점차 궁금해하기 시작했다. 숱한 비난에도, 거듭되는 체포와 재판에도, 왜 이 여성들은 멈출 생각이 없는지 호기심을 갖게 되었다. 그 과정에서 에멀린의 증언은 사람들에게 미처 몰랐던 현실을 떠올리게 해주었다. 많은 여성과 어린이가 굶주림으로 힘겨워하고 그 고통이 대물림되는 까닭은 단지 돈이 부족해서가 아니라 개인이 어찌 할 수 없는 사회 구조 때문임을 계속해서 강조한 것이다. 에멀린은 어느 곳보다 자선 활동이 활발한 영국에서 이 고통이 여전히 사라지지 않는 이유는 그것이 개인의 노력이나 선의만으로 해결할 수 없는 문제이기 때문이며, 해결 방법은 법을 통한 변화뿐이라고 말했다. 또한 자신은 법을 어겨서가 아니라 법을 만들려 했기에 법정에 섰으며, 그것은 고통받는 수많은 여성과 어린이를 위한 일이었다고 간절히 외쳤다.

이러한 증언은 이내 법정에 자리한 사람들은 물론 기사를 읽은 이들의 마음까지 파고들었다. 법을 바꾸는 것만이 근본적인 문제 해결이라는 말에 사람들은 점차 귀기울이기 시작했다. 전쟁 중 영국 정부가 에멀린에게 지지 연설을 부탁할 정도로 이 작은 여성의 외침은 설득력과 호소력이 있었다. 다른 이들이 겪는 고통을 없애기 위해 불의에 맞서 싸우는 여성. 그 모습은 착하고 고분고분한 어머니나 아내가 아니라 수많은 이야기를 통해 전해지는 영웅의 모습과도 같았다. 서프러제트의 싸움을 맨 앞에서 이끈 에멀린은 남성뿐 아니라 여성도 그런 존재임을 스스로 증명하며 오랫동안 굳어진 여성상을 깨부수고 있었다. 세상은 더 이상 서프러제트의 말과 행동을 그저 웃어넘기지 않았다. 성별에 대한 고정관념 대신 변화의 필요성에 공감하게 된 것이다.

하지만 서프러제트의 거센 저항과 세상의 관심에도 정부의 무시는 변함이 없었고 오히려 더욱 잔인한 탄압이 이어졌다. 벌금 대신 감옥을 택한 여성들은 자신들이 정부와 싸우는 정치범이라고 주장했지만, 번번이 일반 범죄자로 다뤄지며 가혹한 대우를 받았다. 수백 명의 여성이 단식 투쟁으로 맞섰으나 도리어 정부는 음식을 강제로 먹이는 고문을 시작할 뿐이었다. 그 잔인함에 비난이 쏟아지자 정부는 변명하면서도 오랫동안 음식 고문을 멈추지 않았다. 서프러제트는 인내심을 잃지 않고 계속해서 정부에 대화를 요구했다. 그리고 마침내 첫 합의가 이루어지면서 새로운 출발점을 찍을 것이라는 기대가 일었다. 하지만 1910년 '어둠의 금요일' 사건으로 에멀린은 다시 한번 현실을 직시할 수밖에 없었다.

＊

진보적이고 유복한 가정에서 태어난 에멀린은 당시에는 과하다는 소리를 들을 만큼 배웠고, 같은 뜻을 지닌 남성과 결혼하여 세 딸을 낳은 뒤에도 자기 일을 할 수 있었다. 남편과 함께 '기혼여성재산법'을 위해 싸우며 빈민구제위원회에서 일하는 동안 그는 가난한 여성 노동자들의 현실을 알게 되었다. 남편이 갑자기 세상을 떠난 뒤에는 세 딸과 먹고살기 위해 생업에 뛰어들며 더욱 참혹한 현실을 마주했다. 등기소에서 지역 주민들의 출생과 사망을 기록하던 에멀린이 만나는 사람들은 대부분 가난한 노동자 가족들이었다. 특히 그가 적는 이름은 거의 모두 어린 여자들이 낳은 아이들과 제대로 보살핌을 받지 못해 세상을 떠난 아이들이었다. 남자들은 일정한 돈만 내면 책임과 의무에서 벗어날 수 있었고, 남편 없이 출산한 여자들과 아버지 없이 태어난 아이들은 아무런 보호를 받지 못했다. 정치적 권리가 없는 이들에게는 어떤 정치인도 관심을 보이지 않았기에 법도 그들 편이 아니었다.

남성에게만 삶을 결정할 권리가 주어지는 세상의 밑바닥에는, 아무 권리도 없고 최소한의 보호도 받지 못하는 여성과 어린이가 있음을 에멀린은 아프게 깨달았다.

에멀린 팽크허스트

여기서 그는 성별에 따른 차별이 근본적인 문제를 낳고 있음을 확인하게 됐다. 애초에 남자보다 적은 임금을 받으면서, 남자와 똑같이 일해도 남자보다 더 가난했던 여자들이 때로는 출산과 육아까지 홀로 책임지며 어떤 노력을 해도 수렁을 벗어날 수 없었던 것이다. 그사이 벌어지는 온갖 성범죄는 더욱 처참했다. 에멀린이 이전과 다른 참정권 운동을 이끌게 된 이유는 이 경험 때문이었다. 정치에 참여할 권리는 곧 수많은 사람의 삶이 걸린 문제였다.

이 구조적인 문제가 1910년, '어둠의 금요일'에서도 드러났다. 여섯 시간 동안 이어진 폭력에도 고발된 경찰은 없었고, 오히려 100명이 넘는 여자와 남자 넷만 체포된 것이었다. 그날 에멀린은 생각했다. 이것이 신사들의 방식이라면 우리도 그에 맞춰 주리라! 그리하여 서프러제트에게는 새로운 지침이 내려졌다. 하나, 폭력에 맞서 자신을 지켜라! 둘, 사람보다 먼저인 건 없음에도 언제나 여성의 삶보다 먼저인 재산을 공격해라! 정부가 약속을 지킬 때까지, 저마다의 방식으로!

그리하여 여성들은 호신술을 배워 스스로를 지키기 시작했다. 주먹과 방망이를 휘두르며 달려드는 경찰들에 집어 던지기로 맞선 이들의 소식이 연이어 신문에 오르내렸다. 또한 여성들은 정부에 제출하는 각종 서류에 대답하지 않거나 엉뚱한 말을 적어 내기도 했다. 특히 정부의 인구 조사를 집중적으로 노렸는데, 일정 기간마다 이루어지는 이 조사 서류에 누군가는 "투표권 없는 여성에게 인구 조사가 무슨 소용이냐!"라고 적었고, 누군가는 자기 주소를 "국회의사당"이라고 적어 냈다. 어떤 여성들은 그 기간에 공원에서 밤새도록 야영하거나 광장을 행진했다. 또 어떤 여성들은 '인구 조사를 거부하는 집'이라고 써 붙이고 여성들에게만 하루 종일 차를 대접했다. 단단히 화가 난 여성들로 곳곳의 우체통에는 하루에도 여러 번 연기가 치솟았다. 함께 모여 건물 유리창을 깨는 이들도 있었다. 누군가는 탑에 올라 전단지를 뿌렸다. 그러다 체포되면 감옥 안팎에서 함께 노래를 불렀다. "삶과 투쟁은 서로 뗄 수 없는 것! 여성에게 투표권을!"

급기야 남성 정치인들이 자리에서 벌떡 일어날 만한 사건도 벌어졌다. 그들의 집과 건물이 불에 타 버린 것이다. 그 책임이 자신에게 있다고 주장하며 여러 번 감옥에 들어갔던 에멀린은 단식 투쟁을 하다 음식 고문을 받고 쇠약해져 석방되었다. 그러고도 한 연설장에서 경찰이 쏜 총에 맞을 뻔하고, 사복 경찰에 둘러싸여 다시 체포될 위기에 놓이기도 했다. 이제 서프러제트에 진절머리를 내던 사람들 가운데서도 왜 약속을 지키지 않고 이런 일까지 벌이느냐며 정부를 탓하는 말이 나왔다. 온갖 소동을 일으키지만 사람을 해치지는 않는다는 규칙을 지켜 온 서프러제트와 늘 과한 폭력으로 대응하는 정부는 대비될 수밖에 없었다. 그러던 와중에 1914년 제1차 세계 대전이 일어났다.

늘 대립했던 정부와 서프러제트는 국가적 위기 앞에서 힘을 합치기로 했다. 에멀린은 민간 특사로 임명되어 외교를 맡았을 뿐 아니라 여러 연설을 통해 어려운 시기를 겪는 사람들의 의지와 단결을 이끌어 냈다. 여성은 이성적이지 못하고 감정적이므로 정치에 참여할 수 없다던 입장이 무색하게 에멀린은 전쟁 중인 정부에 큰 힘이 되었다. 그리하여 여성 참정권 요구에 대한 대답을 더 미룰 수 없게 된 1918년, 여성들의 투표가 처음으로 이루어졌다. '집이 있거나 일정한 재산이 있는 남자와 결혼했거나 대학을 졸업했거나 많은 재산세를 내는 30세 이상의 여자'라는 길고 복잡한 조건이 붙은 미완성의 승리였지만, 마침내 의미 있는 출발점이 찍힌 것이다. 그리고 10년 뒤 1928년, 21세 이상의 모든 여성에게 투표할 권리가 돌아갔다. 무슨 일이 있어도 투표권을 얻을 것이라고 에멀린이 결심한 지 25년 만의 일이었다.

에멀린 팽크허스트에 대한 평가는 늘 엇갈린다. 우리 모두가 그렇듯, 그도 완벽한 사람은 아니었기 때문이다. 그럼에도 그 삶 전체가 여성의 권리를 위한 싸움이었고, 오랫동안 굳어진 관습적인 여성상을 깨부수는 강렬한 계기가 되었다는 사실만은 확실하다.

*

우리나라에서도 몇 년마다 치르는 선거에는 4대 원칙이 있다. 일정 나이라면, 누구나, 한 표씩, 직접 투표하고, 그 선택은 다른 사람에게 강요받아서는 안 된다는 이른바 보통, 평등, 직접, 비밀의 원칙이다. 오늘날 당연시되는 이 원칙은 그저 시간이 지나 저절로 확립된 것이 아니다. 정치에 참여할 권리 곧 선거권은 언제나 일부 사람에게만 돌아가는 특권으로 시작했다. 나라와 시대에 상관없이 그 일부란 주로 돈 많은 남자들이었고, 점차 가난한 남자들에게까지 선거권이 확대되었으며 그다음은 아프리카계 미국인처럼 인종 차별을 받던 남자들 차례였다. 그렇게 세상의 남성 거의 대부분이 투표권을 얻은 뒤에야 여성들에 관한 논의가 시작된 것이다.

그러나 현실에서 여성의 한 표가 나오기까지는 더 긴

시간이 걸렸다. 자기 삶을 살고 싶다는 여성들의 요구가 오랫동안 '보호'라는 말로 금지되었기 때문이다. 언뜻 '보호받으며 사는 건 좋은 일 아닐까?' 하는 생각이 들지도 모른다. 모든 어린이·청소년은 보호받아야 할 권리가 있는 것처럼 말이다. 그런데 어린아이가 자라면 한 인간으로 독립하는 것과 달리 남성의 보호를 받는 여성에게는 독립이 없었다. 보호라는 말은 사실상 지배를 뜻했기 때문이다.

정치적 권리를 행사한다는 것은 자기 생각에 따라 스스로 결정하며 사는 것을 뜻한다. 혼자 살 수 없기에 사회를 이룬 인간은 그 안에서 각자 나름의 결정을 하며 함께 세상을 만들어 간다. 그런데 남자와 여자는 같지 않고, 감정적이고 연약한 여자는 남자가 이끄는 대로 따라야 한다는 편견이 오랫동안 이어졌다. 거기서 생겨난 많은 문제가 여성의 삶에 큰 영향을 주었지만, 여성들은 자기 삶의 문제를 해결할 방법을 찾을 수 없었다. 에멀린 팽크허스트는 여성이 남성과 똑같이 정치에 참여하는 길만이 그 현실을 바꿀 수 있다고 깨달은 것이다.

성인들의 보호 아래 살아가는 청소년은 삶의 많은 부분이 성인들에 의해 대신 결정된다. 갓 태어난 순간부터 어느 시기까지 이어지는 본능적인 요구는 대부분 존중되는 편이지만, 말과 글로 소통할 만큼 자라나면 도덕과 규율이 더 부각되며 권리는 지나가고 의무만 남은 듯한 시간이 찾아오는 것이다. '사람이 되다'라는 뜻을 가진 '성인'이라는 말 자체에 이미 어린이·청소년을 사람이 되기 전 단계라고 보는 차별적인 속뜻이 담겨 있다. (그럼에도 편의를 위해 이 말을 쓰는 점에 양해를 구한다.)

국가의 모든 권력은 국민으로부터 나온다지만, 자기 권리를 행사한 적이 거의 없는 청소년으로서는 이 점을 실감하기가 쉽지 않다. 삶의 주체가 되지 못하는 이들의 권리는 많은 순간 무시되는 게 현실이기 때문이다. 이런 문제의식 속에 우리나라는 2019년 법이 바뀌며 2020년 21대 국회의원 선거부터 만 18세 이상의 모든 사람이 투표를 하게 되었다. 청소년과 함께 세상을 만들어 가기 위한 이 변화는 우리 사회를 더욱 성숙하게 이끄는 시작이 될 것이다. 하지만 청소년의 권리를 위한 싸움은 끝이 아니라 이제야 출발선에 섰다고 할 수 있다. 그 변화가 삶으로 이어지기까지는 모두의 노력이 중요하다.

정치에 참여할 권리는 투표권을 행사하는 것을 포함해 여러 방식으로 나타난다. 정치 운동의 권리도 그중 하나다. 우리나라에서는 2022년 1월, 정당에 가입할 수 있는 나이를 만 18세에서 만 16세로 조정하는 법안이 국회 본회의를 통과했다. 바로 전해인 2021년 12월에는 지방자치법이 개정되며 만 18세 이상의 시민은 주민조례발안과 주민감사청구권을 행사할 수도 있게 되었다. 청소년도 일정 수 이상이 모여 뜻을 함께한다면 살고 있는 지역의 법을 새로 만들거나 개정하거나 폐지할 수 있고, 지역과 관련된 일들이 제대로 처리되고 있는지 따져 볼 수 있는 것이다. 그런데 청소년의 경우 정당 가입 조건에 법정대리인의 동의서가 필요하다는 점에서 청소년들이 성인들과 같은 권리를 가졌다고 보긴 어렵다. 어느덧 더욱 복잡해진 법의 평등을 실현하는 일에는 시대에 맞는 법을 새로 만드는 작업과 함께 그 안에 숨어 있는 차별을 찾아내고 개정하는 과정이 필요하다. 이 거대한 숨은 그림 찾기를 위해 사회는 더욱 적극적으로 나서야 할 것이다.

가까운 사람과는 정치 이야기를 하지 않는 게 좋다는 말이 있는 것처럼, 우리나라에서 정치는 금기시되는 주제 중 하나다. 대학이 최우선으로 여겨지는 어린이·청소년의 삶에서는 더욱 그렇다. 생활에 뿌리박힌 이 편견을 걷어내는 일은 무엇보다 중요하다. 나의 권리는 타인의 것과 늘 맞닿아 있다는 믿음, 내 삶을 당당하게 사는 용기는 자유로운 대화 속에서 함께 자라난다. 어린이·청소년의 정치 참여는 그 시작과 함께 더욱 거센 바람이 되어 우리나라 민주주의의 발전을 이끌 것이다. 신들의 시대를 지나 영웅을 시대를 살았던 인류가 민주주의를 선택하고 이어 온 과정은 곧 저항의 시간이자 변화의 증거라고 할 수 있다. 그것은 언제나 이전 시대가 얻어 낸 가치를 확장시키며 이어졌다. 에멀린 팽크허스트가 시작한 싸움도 마찬가지다. 오래전 울려 퍼진 그의 외침은 남녀에 상관없이 새로운 세대로 이어질 것이다. 모두가 진정으로 평등한 세상이 이뤄질 때까지.

같은 시민으로 동등한 권리를 얻기까지
우리의 싸움은 계속될 것이다.

프리다 칼로

(존재를 위해 그리며 질문하다)

"

사람들은 나를 초현실주의자라고 하지만

나는 꿈이나 환상이 아니라 오직 현실을 그린다.

"

한일 강제 병합으로 조선이 일제의 식민지가 된 1910년, 멕시코에서는 혁명의 거대한 소용돌이가 휘몰아치기 시작했다. 400여 년간 스페인의 식민 지배를 받으면서도 개성을 잃지 않았던 멕시코인들의 삶과 문화가 '20세기 최초의 혁명'으로 이어져, 그 어느 때보다 뜨거운 시대를 맞이하는 중이었다. 그러나 한편으로는 이중적인 현실의 모순과 긴장도 더욱 도드라지고 있었다. 삶과 죽음, 멕시코인과 유럽인, 토착 문화와 유럽 문화, 지배당하는 자와 지배하는 자, 극심한 가난에 허덕이는 수많은 농민과 많은 재물을 가진 소수의 부자 사이의 불균형 가운데에는 여성과 남성의 차별 문제도 자리한다.

멕시코 혁명 직후 태어난 프리다 칼로도 시대의 물결에 함께하고 있었다. 스무 살이 되기 전 찍은 가족사진에서 그는 치마를 입고 가지런히 두 손을 모은 다른 여성들과 달리 남자 양복을 입고 옆에 앉은 남자 어른의 어깨에 팔을 기댄 채 서 있다. 바로 전해에 사고를 겪으며 죽을 고비를 넘긴 그의 두 눈은 당당히 정면을 응시한다. 사는 동안 내내 곁에 있던 죽음마저 냉정히 바라본 그는 연이은 고통과 아픔을 오롯이 견디며 스스로 붓을 들고 자기만의 세계를 이루기 시작했다. 식민 지배와 자본주의 사이 줄타기에서 정체성을 되찾기 위해 싸우는 멕시코, 그리고 동등한 존재가 되지 못한 채 살아온 여성을 세상으로 불러냈다는 점에서 그의 작품은 어느덧 개인의 차원을 넘어서고 있었다. 이후 수많은 자화상 속 흔들림 없는 눈빛으로 우리를 바라보게 될 화가 프리다 칼로의 1926년 모습이다.

✳

살아가며 우리는 많은 계획을 세우지만 불쑥 끼어드는 우연은 늘 예상 못 한 길로 삶을 이끈다. 프리다의 삶에는 그 그림자가 유난히 짙게 드리워져 있었다. 어릴 적 소아마비를 앓으며 오른쪽 다리가 제대로 자라지 못해 놀림받고 소외당했던 그는 강인하지만 냉정한 어머니에게 평생 거리감을 느꼈고, 다정하지만 나약한 아버지를 사랑하면서도 의지할 수 없었으며, 유일한 친구였던 언니가 스무 살이 되자마자 집을 떠나며 외로운 시절을 보냈다. 어릴 적 가족사진에서 홀로 구석에 서 있는 어린 여자아이의 모습은 그 삶 내내 함께했던 이미지 중 하나다. 이렇듯 보이지 않는 선이 만든 고립과 외로움에 익숙했던 프리다는 1922년, 열다섯 살에 멕시코 국립예비학교에 합격하며 삶의 분기점을 맞이했다. 나라의 인재를 길러 낸다는 최고의 교육 기관에서 전교생 2,000명 중 여학생은 고작 서른다섯 명뿐. 그중 하나였던 프리다는 최고 성적을 가진 우등생이자 최고의 문제 학생으로 당차게 자라났다. 의사를 꿈꾸며 공부하는 동안 모든 관습을 거부하는 모임에 참여하여 철학과 사상과 예술에 흠뻑 빠져 지냈고, 모임의 리더이자 연인과 더 넓은 세상에서 함께하기를 늘 꿈꾸었다. 하지만 프리다의 삶을 전혀 예상치 못한 길로 이끄는 사건이 벌어졌다. 잃어버린 물건을 되찾고 돌아와, 평소에 타던 버스를 보내고 다음 차에 오른 뒤 처참한 교통사고를 만나고 만 것이다.

목숨도 장담할 수 없는 상처를 입고 병원에서 몇 달을 누워 지내는 동안 프리다는 자화상을 그리기 시작했다. 이전까지는 그림을 즐기면서도 진지하게 생각한 적은 없었다. 하지만 이제 그림만이 할 수 있는 유일한 일이었고, 병실에 누워 볼 수 있는 것은 침대에 붙은 거울 속 자신의 얼굴뿐이었다. 그렇게 완성한 첫 자화상은 연인이 좋아할 법한 모습을 하고 있다. 당시 프리다를 무엇보다 힘들게 한 것은 그와 헤어질지 모른다는 불안이었기 때문이다. 하지만 온 힘을 다해 완성한 그림을 끝내 거부한 연인이 유학길에 오르자 프리다는 홀로 남을 수밖에 없었다. 할 수 있는 것을 다했기에 미련은 없었지만, 사라져 버린 많은 계획과 미래, 다시 찾아온 고립을 그제야 실감하게 되었다. 상처와 고통을 껴안고 기적처럼 일어선 그를 기다린 것은 완전히 달라진 현실과 그럼에도 계속되는 삶, 그 사이에서 발생하는 충격이었다.

그렇게 채 1년이 되지 않은 시간은 프리다를 완전히 바꾸어 놓았다. 누구나 삶과 죽음, 만남과 이별, 창조와 파괴 등 동전의 양면처럼 동시다발적으로 일어나는 사건을 맞닥뜨리지만, 프리다가 겪은 것처럼 급격하고 가파른 경우는 흔치 않을 것이다. 그리하여 가족도 세상도 프리다가 경험한 충격과 혼란을 이해하지 못했고, 그에 대한 실질적인 도움을 줄 준비가 되어 있지 않았다. 이제 그 삶은 오로지 자신에게 달려 있는 것과 같았다. 그런 절박함 때문인지 프리다는 온 힘을 다해 다시 걷게 되자 곳곳에서 여러 사람을 만나며 함께 혁명을 꿈꿨다. 당시 멕시코의 수도에서는 많은 사람의 사상과 경험과 예술이 뒤

섞이며 거대한 용광로처럼 에너지를 내뿜고 있었다. 그 속에서 1928년 프리다는 우연히 디에고 리베라와 만났다. 오랜 유럽 생활 끝에 고국에 돌아온 디에고는 멕시코 고유 문화의 가치에 처음 주목한 민족주의자이자 멕시코인들의 신념과 의지를 수많은 거대 벽화로 표현한 당대 최고의 화가로, 혁명과 함께 그 이름이 나라 안팎에 잘 알려져 있었다.

6년 전, 프리다가 다니던 예비학교에서 두 사람은 각각 학생과 벽화를 그리기 위해 온 화가로 만나 짧은 대화를 나눈 적이 있었다. 서로 깊은 인상을 받았던 첫 만남을 나란히 떠올린 그들은 재회와 동시에 급격히 가까워졌다. 훗날 프리다는 자기 인생에 지대한 영향을 주었던 두 가지 우연으로 교통사고와 이 만남을 꼽았다. 그것이 행운인지 불운인지는 여전히 알 수 없지만, 디에고의 에너지와 열정에 또 프리다의 강인함과 의지에 서로가 깊이 매료되었다는 것은 분명했다. 결국 스물한 살의 나이 차와 디에고의 사실혼 관계, 프리다 가족의 반대에도 두 사람은 결혼을 선택했다. 이후 한동안 거의 그림을 그리지 않았던 프리다는 그 무렵 몇 안 되는 스케치를 남겼는데, 개중엔 서로 다른 방향을 바라보는 두 사람의 모습을 그린 것이 있다. 마치 앞으로의 좌절을 예견이라도 한 듯한 스케치처럼 둘의 결혼 생활은 원만하지 않았고, 이는 곧 프리다에게 시련으로 다가왔다.

*

어린 시절부터 여성으로 또 장애인으로 소외되고 고립되면서도 큰 열정과 에너지를 품었던 프리다는 삶의 동반자이자 혁명과 예술의 동지로 디에고와 하나 되기를 늘 꿈꾸었다. 삶의 모든 것을 디에고에게 맞추며 스스로가 그를 위한 하나의 작품이 되었고, 디에고의 벽화 작업을 위해 멕시코 전역을 넘나들다 미국까지 따라나설 정도로 열렬했다. 하지만 서로 다른 타인이 하나가 되는 것은 처음부터 불가능한 일이었다. 그 시절 여성은 남성과 같은 존재가 아니었기에 동등한 사이조차 될 수 없었다. 그 자신도 그림을 그렸음에도 당시 프리다의 삶은 늘 '천재 화가의 아내'에 머물렀다. 또한 화가 프리다의 능력을 처음부터 알아본 몇 안 되는 사람이었던 디에고와의 갈등도 더욱 깊어 갔다.

특히 미국의 대도시를 연이어 방문하는 긴 여정은 프리다에게 큰 고난이 되었다. 디에고가 세상의 인정을 받으며 작업에 힘을 쏟는 동안 프리다는 멕시코에 대한 향수와 외로움, 그 사이 계속되는 수술과 치료로 인한 고통과 슬픔을 홀로 견뎌야 했다. 낯선 땅의 문화와 예술을 경험하면서도 채워지지 않는 공허함에 석판화 기법을 새롭게 시도했으나 신체적·공간적 한계로 포기하기도 했다. 때로는 여성으로 때로는 멕시코인으로 소외되는 중에 그림을 그리기 어려운 환경까지 지속되자 프리다는 신체적으로 불가능하다던 임신을 더욱 갈망하기 시작했다. 그리하여 몇 년에 걸쳐 아이를 품었지만 세 번 모두 유산하며 몸과 마음의 극심한 고통을 겪었다. 거기에 디에고의 끝없는 외도까지 이어지자 분노와 좌절은 더욱 커져만 갔다. 멕시코 남자들에게는 아내가 있어도 여러 명의 여자와 또 다른 가정을 꾸리는 것이 관습처럼 이어져 왔다. 디에고는 위대한 화가이면서도 여성을 대하는 방식은 평범한 멕시코 남자와 다를 게 없었다. 그리하여 디에고와 함께하는 동안 느낀 기쁨과 만족, 세상과 예술을 향해 넓힌 시야에도 프리다는 이 관계가 주는 고통을 결국 인정할 수밖에 없었다.

프리다는 자기 안으로 가라앉는 대신 다시 붓을 들었다. 그리고 어느덧 자기만의 세계를 이룩하고 있었다. 그 안에는 고대 이집트 문화에서 프로이트에 이르는 방대한 학식은 물론 멕시코의 삶과 고유한 문화가 함께 깃들어

있었다. 하지만 무엇보다 그의 그림은 임신과 유산을 둘러싸고 겪은 모든 일, 태초부터 있었지만 누구도 주목하지 않았던 여성의 존재와 삶을 있는 그대로 표현하며 그 자체로 세상에 던지는 날카로운 질문이 되었다. 그의 그림은 삶에 대한 강인한 의지의 표현이었다. 평생 고통과 함께하면서도 있는 그대로의 자신과 그 삶을 표현한 프리다의 작품에는 담담하면서도 강렬한 모순된 감정과 서늘하고 독특한 분위기가 서려 있다. 세상은 그것을 '초현실주의'라 부르며 열광했지만 프리다는 그 말을 강하게 부정했다. 멕시코인으로 여성으로 신체적 차이로 겪어야 했던 고통과 외로움, 그에게는 늘 함께하던 현실을 너무 쉽게 현실이 아니라고 말하는 것이 불편하게 느껴졌기 때문이다.

프리다는 시간이 흐른 뒤 재발견된 예술가 중 하나다. 그 자신도 미국과 유럽에서 주목받는 화가였지만 살아 있을 때 프리다는 주로 디에고 리베라의 아내로 불렸다. 자신의 생명력을 다해 삶을 이어 가면서도 늘 소수에 속했던 그는 그림으로 죽음에 맞섰다. 비록 프리다가 살던 세상은 그 의미를 알아주지 않았지만, 시간이 지날수록 더 많은 사람이 그의 그림을 통해 깨달음과 영감을 얻고 있다. 우연이 빚어 낸 좌절과 고통 속에서 고유한 삶을 위해 싸운 멕시코인이자 뿌리 깊은 차별에 맞선 여성으로, 고립과 외로움에서 벗어나 존재가 되기 위해 안간힘을 썼던 한 인간으로 긴 시간 투쟁한 프리다 칼로. 그리하여 늘 강인했던 그의 마지막 일기는 더욱 가슴을 울린다.

이 외출이 행복하기를 바란다.
그리고 다시는 돌아오지 않기를.

그가 겪은 것과 이룬 것, 그것은 믿기 어려울 만큼 놀라우면서도 너무나 처절하기에 대단하다는 말로는 부족하다. 다만 홀로 감당해야 했던 그 많은 일은 과연 정당한 것이었을까? 자신의 생명을 남김없이 태워야만 이어갈 수 있는 삶이란 무엇을 말하는가? 우리를 바라보는 그 눈길에는 여전히 많은 질문이 담겨 있다. 사람과 세상, 삶과 죽음에 대한 질문이.

✳

두 달간의 방학이 끝나고 얼마 뒤, 유치원에서 돌아온 아이는 잔뜩 흥분한 상태였다. 빨주노초파남보인 줄 알았던 무지개에서 갈색을 본 친구가 있다는 거였다. 다른 친구는 분홍색을 보았으며, 다른 아이는 검정색을 보았고 또 누군가는 세 가지 색만 보았다고 했다. 아이는 알고 보니 무지개가 일곱 색만이 아니라며 흥분을 감추지 못했다. 가족이 함께 목격한 쌍무지개까지 떠올린 아이는 더욱 신이 난 상태였다. 세상에는 서로 다른 무지개가 많다는 사실을 알게 된 것에, 새로운 앎을 발견한 것에 기쁨을 느끼고 있었다. 살아가며 우리는 사람과 세상을 새롭게 깨닫곤 한다. 어린이도 예외는 아니다.

자연과 세상과 인간 본연의 모습을 구분하고 단절하는 기준과 선, 경계는 시간과 장소에 상관없이 곳곳에서 확인할 수 있다. 인류 역사 초기에는 자연에서 살아남기 위해, 농사를 짓고 식량을 생산하기 위해 계절을 나누고 시간을 분절하는 행위가 이루어졌다. 그러다 이런 분절은 점차 기술적인 차원을 넘어서는 쪽으로 확대돼 갔으며, 특히 사람과 사람을 분별하는 보이지 않는 경계는 쉽사리 차별로 이어졌다. 그 극단적인 예가 바로 짧은 시간에 엄청난 희생자를 만들어 낸 나치 독일의 제노사이드 (집단 학살)다. '우월한' 아리아인만으로 구성된 순수 혈통의 독일을 만들겠다는 히틀러의 망상은 유대인과 소수 민족 등에 대한 인종 청소로 이어졌으며, 정치적 반대 세력인 공산주의자, 비정상으로 여겨진 성 소수자 또한 여기서 살아남기 어려웠다.

'건강한' 나라를 만들겠다던 히틀러는 독일의 장애인도 가만두지 않았다. 그가 비밀리에 진행시킨 장애인 학살은 나라가 주도한 대규모 살인이었다. 신체적 장애가 있는 사람과 정신질환자, 남과 달라 보이는 어린이, 치매에 걸린 노인뿐 아니라 나이 많은 노인 등이 이 음모에 희생되었다. 때로는 외모로 표적이 되기도 했고, 전쟁에 참전했다 부상당한 군인이 대상이 되기도 했으며, 유전질환이 있는 여성은 강제로 불임수술을 당했다. 희생자들은 죽기 전 인체 실험에 이용되었고 죽은 뒤에는 마구잡이로 부검되었다. 이 일을 주도한 히틀러와 그를 도운 괴벨스가 각각 장애를 가졌다는 점은 이 학살의 모순을 보여 주는 한편 사람에게 더해지는 보이지 않는 선과 차별이 세상을 얼마나 위태롭게 하는지 그대로 증명한다.

다만 우리는 이렇듯 끔찍한 사건 속에서도 역사는 모두가 동등해지는 방향으로 나아간다는 사실을 기억해야 한다. 여전히 완벽하지는 않지만, 긴 시간 속 많은 이의 노력과 희생으로 지금의 세상이 이루어졌음을 잊지 않아야만 같은 비극을 되풀이하지 않을 수 있기 때문이다.

고요하면서도 멈추지 않았던 프리다 칼로의 투쟁은

그의 그림으로 고스란히 확인할 수 있다. 수백 년의 식민 지배가 이어진 식민지의 한 사람으로, 독재에 저항하며 혁명을 꿈꾼 시민으로, 자기만의 세계를 이룩한 예술가로 투쟁했던 그는 동시에 여성이라는 이유로 밀려났고 장애가 있었기에 소외되었다.

이런 그에게 그림은 단순한 유희를 넘어 고립된 인간이 자기 삶을 위해 싸우는 수단이자 죽음에 맞서는 무기가 되었다. 나아가 그림은 세상과 연결되기 위해 안간힘을 다하던 그가 찾을 수 있는 거의 유일한 매개체이기도했다. 그는 그림으로 세상과 맞닿을 수 있었다. 때로 그림은 연인과의 관계를 지속할 유일한 가능성이었고, 타인과하나가 될 것이라 믿게 했던 단 하나의 세계였으며, 타지의 혹독한 날씨와 낯선 문화에도 먼 나라까지 건너가게했던 원동력이었다. 피카소, 칸딘스키 등 당시 유럽 화가들의 극찬이 도리어 자기 그림에 대한 오독이라며 불쾌해했던 그의 전시회는 결국 실패로 돌아갔지만, 20세기 멕시코 화가 최초로 루브르 박물관에 작품이 걸린 것은 스스로 움직이길 멈추지 않았기에 가능한 일이었다.

각자의 공간에 머물며 자기 생활비는 스스로 감당한다는 조건을 먼저 내걸고 디에고 리베라와 재결합한 뒤프리다는 그림에 열중하면서도 학교에서 수업을 맡아 학생들을 가르쳤다. 몸 상태가 좋지 않을 때는 집이나 근처 시장에서 수업을 이어 갔을 만큼 적극적이었다. 삶을 위한 수단이자 존재를 위한 무기인 동시에 세상과 이어지고 싶은 욕망을 실현시킬 유일한 방법이었던 그림을, 그는 오로지 자신의 힘과 노력으로 찾아냈던 것이다.

*

모든 인간은 생각하는 존재이자 사회적 동물이라는 점에서 서로 같은 욕망을 품고 있다. 우리가 다른 이들과 함께하면서 사회의 일원이 되어 세상을 가꾸고, 스스로 표현하고 움직이며 서로에게 닿고자 하는 마음을 갖게 되는 것도 그 때문이다.

　프리다 칼로의 몸은 다수의 사람들과는 달랐지만 그들과 같은 욕망을 가지고 있었다. 그리고 식민지 사람이자 지배당하는 여성이며 다수와 다른 몸 때문에 고립된 존재로, 자기 삶과 현실을 그린 그의 작품에는 오래전 시작되어 여전히 사라지지는 않은 수많은 잣대가 그대로 드러난다. 우리를 마주하는 서늘하고 담담한 그 눈빛에서 눈을 뗄 수 없는 이유가 바로 여기에 있을지 모른다. 만약 프리다 칼로가 모든 잣대에서 자유로웠다면, 그의 그림이 현실로서 받아들여졌다면, 혹은 그에게 소외의 경험 자체가 없었다면, 그의 열정과 힘이 얼마나 더 마음껏 발휘될 수 있었을까. 그 질문은 다시 지금 우리에게로 향한다.

우리나라에서 장애인들의 이동권 투쟁이 한창이던 2008년, 척추 장애로 키가 작았던 18대 국회의원 곽정숙은 장애인에 대한 고려가 전혀 없는 국회의 시설 탓에 불편을 겪어야 했다. 그가 연단에 서서 요구하기 전까지 누구도 그 사실을 깨닫지 못했다. 국민의 권력을 빌린 최상위 기관마저 장애인을 동등한 시민으로 받아들일 준비가 되어 있지 않았던 것이다. 헬렌 켈러는 우리에게도 유명한 사람이지만, 그와 같은 시청각 장애인이 우리나라에 얼마나 존재하는지는 정확한 집계조차 이뤄지지 않았다. 시청각 장애가 우리나라에서 인정하는 장애 유형 열다섯 가지에 해당하지 않는 데다, 중복 장애를 등록하는 방법을 당사자들이 모르는 경우가 많기 때문이다. 장애인들의 법적 권리가 비장애인들에 의해 결정되며 생긴 여러 문제는 지금도 계속 발생하는 중이다. 특히 장애인의 이동할 권리는 오랫동안 무시되어, 당연히 누려야 할 투표권마저 함께 외면받았다. 장애를 바로잡아야 하는 결함으로, 선천적이고 개인적인 불행으로 여기는 사회는 장애인의 권리 또한 다수를 위해 어쩔 수 없이 희생시켜야 할 대상으로 여기기 마련이다.

그런데 현실에서 장애는 선천적인 요인보다도 프리다 칼로처럼 후천적인 요인에 따른 사례를 더 많이 찾아볼 수 있다. 더욱이 우리는 모두 다른 사람의 도움을 받아야만 살 수 있는 존재로 태어나, 그런 존재로 삶을 마무리한다. 그러므로 장애인을 비롯한 소수자들의 싸움은 어린이와 노인, 병과 함께하는 사람 등 다른 사회적 약자로 확대되는 것에서 끝나지 않는다. 그 싸움은 우연은 물론 죽음이라는 필연 속에서 살아가는 모든 삶으로 향하고 있다. 그들은 지금 '우연과 운명을 통해서 타자와 함께하는 시작'*을 만드는 중이다. 그리하여 차별과 배제 없는 세상을 위한 이 싸움은 다양성을 지키며 우리 모두를 보호하는 일인 동시에 평등을 실현하는 의미 있는 순간으로 나아간다.

그리스 신화에 등장하는 오이디푸스는 흔히 '운명을 거스르지 못한 인간'으로 이야기되곤 한다. 그런데 '퉁 퉁 부은 발'이라는 뜻을 가진 이름처럼, 이 오이디푸스에

---

* 미야노 마키코·이소노 마호, 『우연의 질병, 필연의 죽음』, 김영현 옮김, 다다서재 2021, 265쪽.

게는 한쪽 다리에 장애가 있었다. '아이가 장차 아버지를 죽이고 어머니와 동침할 것'이라는 예언에, 이를 두려워한 아버지가 갓 태어난 아들을 발목이 묶인 채로 산에 내다 버리며 생긴 장애였다. 잔인하게 버림받은 오이디푸스는 신들이 결정한 운명 속에서 죽지 않고 살아남아 아버지를 살해한 뒤 어머니와 결혼해 자식을 얻으며 저주와 같은 예언을 실현시킨다. 그리고 결국 모든 진실을 알게 된 뒤에는 스스로 두 눈을 찌르고 세상을 떠돌게 된다. 이것은 '오이디푸스 콤플렉스'라는 용어가 있을 만큼 유명한 이야기지만, 주인공의 출생부터 죽음까지 함께한 장애는 오랫동안 주목을 받지 못했다. 오이디푸스의 부은 발은 그저 운명을 거스르려는 이에게 내려진 징벌 또는 저주로 여겨졌기 때문이다.

후크 선장의 갈고리 손처럼, 그 뒤로도 숱한 이야기 속 인물들의 장애나 남다른 신체적 특징이 열등함과 불운, 악의 표식으로 간주되어 왔다. 1990년대에 전 세계적으로 큰 인기를 얻으며 2019년 실사화가 된 애니메이션 〈라이온 킹〉의 주인공 '심바'는 스와힐리어로 '사자'라는 뜻이다. 스와힐리어는 오랜 식민 지배를 겪으면서도 사라지지 않은 아프리카 대륙의 전통 언어로, 심바의 아버지인 '무파사'는 '왕'을, 주요 캐릭터인 '날라'와 '라피키'는

프리다 칼로

각각 '선물'과 '친구'를 뜻한다. 이 작품의 유행어가 된 '하쿠나 마타타'도 '아무 문제 없다' '괜찮다'라는 뜻의 스와힐리어다. 그런데 심바의 삼촌이자 악당의 이름인 '스카'는 '상처'를 뜻하는 영어다. 같은 사자 중에서 어째서인지 그에게만 이름처럼 얼굴에 상처가 나 있다. 티 없이 매끈한 얼굴을 가진 착한 사자들 사이에서 그 상처는 이름이 되고 인물의 정체성이 되는 것이다. 다른 사자들보다 검고 어두운 스카의 털빛이 인종 차별을 내포하는 것으로 여겨져 비판받았던 이 작품은 오래된 차별과 확고한 편견이 어떻게 되풀이되고 있는지를 또 한번 보여 준다.

이렇듯 고대 신화에서부터 오늘날의 대중매체에서까지 확인할 수 있을 만큼 장애를 향한 편견은 가장 오래된 차별 가운데 하나다. 누구도 똑같은 사람은 없기에 세상은 거기 존재하는 사람들의 수만큼 다양하고 다채로운 곳이 된다. 그럼에도 '정상'이라는 애매한 기준은 다름을 틀림으로 규정하며, 거기서 벗어난 듯한 이들을 고립시킨다. 어느 시대에나 세상을 새롭게 재구성할 의무와 능력은 동전의 양면처럼 함께하며 사람들을 이끌었다. 지금 우리의 상황도 마찬가지다. 그 과정에서 프리다 칼로는 의미 있는 지표가 되어 준다. 그의 작품이 온전히 그 자신의 결실로 충분히 해석되는 순간, 세상은 모든 경계에

서 자유로울 것이다. 우리가 그의 그림에 마음이 흔들리
는 동안에는 그 가능성도 사라지지 않는다.

    당연하게도 절망은 너무나 자주 찾아온다.

    그건 어떤 말로도 표현하기 어렵다.

    그럼에도 나는 살고 싶다.

프리다 칼로

왕가리 무타 마타이

(지속 가능한 공존을 제시하다)

"

숲에 불이 났습니다.

작은 벌새가 쉬지 않고 물을 떠 날랐습니다.

다른 동물들이 말했습니다.

너 혼자서 저 큰불을 끌 수는 없어!

그러자 벌새가 대답했습니다.

나는 내가 할 수 있는 일을 할 뿐이야.

"

1977년 케냐, 나이로비대학의 동물학과 교수 왕가리는 가축을 연구하고 있었다. 농업이 중심인 케냐에서 가축, 그중에서도 소는 삶의 바탕이 되는 중요한 존재였다. 그런데 이들이 굶주리고 병드는 일이 오랜 시간에 걸쳐 이어지고 있었다. 삶을 위협하는 문제가 점점 커지자 왕가리는 해결 방법을 찾기 위해 직접 여러 지역을 방문했다. 그리고 소와 진드기의 관계를 중심으로 연구하던 중 점차 어떤 공통점을 발견하게 됐다. 그건 바로 심각한 토양 침식이었다. 바람과 빗물은 물론 기후 변화와 지력 손실 등으로도 발생하는 이 현상이 케냐 곳곳에서 벌어지고 있었던 것이다.

땅에는 언제나 삶과 죽음이 존재한다. 씨앗을 심으면 싹이 트지만, 죽음을 맞은 땅에는 그럴 힘이 없고 회복하기까지 긴 시간이 걸린다. 그런데 아프리카 대륙을 침략한 유럽인들은 개발을 이유로 많은 숲을 파괴했고, 나무를 팔아 큰돈을 벌었으며 그 자리에 건물과 도로를 만들고 자원을 캐는 광산을 열었다. 또한 차와 커피 등 상업 작물을 대규모로 재배하다 땅이 기운을 다하면 다른 곳에서 같은 일을 벌였다. 힘을 회복할 새 없이 착취당한 메마른 땅에는 토양 침식이 일어났고, 아프리카의 많은 나라가 그렇게 땅을 잃어 갔다. 거기에 건조한 계절로 식물들이 자라기 어려워지자 가축들은 먹이를 찾지 못해 굶주렸고 사람 또한 기근을 피할 수 없었다.

왕가리는 오랜만에 찾은 고향에서도 같은 현상을 목격했다. 케냐의 여러 민족 중 키쿠유족 출신인 그는 십 대 시절 학업으로 고향 땅을 떠나기 전까지 그곳에서 자라났다. 영국의 식민 지배로 그가 태어날 무렵 부족의 전통은 거의 파괴되었지만, 자연은 어김없이 삶을 지탱해 주었다. 숲은 물을 정화하며 땅을 비옥하게 만들었고, 그 속에 어우러진 여러 생명처럼 사람들도 소박하지만 풍요롭게 살았다. 흔히 아프리카는 굶주림의 땅으로 여겨지지만 처음부터 그런 것은 아니었다. 굶주림은 많은 부분 울창한 숲이 파괴되면서 나타난 결과였다. 그리고 왕가리의 고향 땅 역시 이를 피해 가지 못했다. 대규모 차 밭이 숲을 밀어냄에 따라 이곳에서도 토양 침식이 진행되고 있었던 것이다.

대학에서 일하며 시민운동을 해 온 왕가리는 달라진 고향의 모습에 충격을 받으면서도 연구를 이어 가며, 환경 파괴가 가축들의 병뿐 아니라 급격히 증가한 영양실조 및 굶주림과도 관련 있음을 밝혀냈다. 숲이 파괴되며 고유한 먹을거리가 사라지고 땔감도 찾기 어려워지자 전통 식단 대신 가공식품 섭취가 크게 늘어났다. 하지만 가공식품은 영양분이 부족해 건강에 도움이 되지 못했고, 가난으로 그조차도 먹지 못하는 사람이 늘며 굶주림과 질병이 증가했다. 특히 성장기 어린이의 피해는 더욱 심각했다.

이렇듯 아프리카의 많은 문제는 긴 시간 동안 광범위하게 이어진 것으로 사실상 식민 지배에 따른 숲 파괴가 주요한 원인이었다. 환경 파괴라는 예상 밖의 원인을 알아낸 왕가리는 그 해결을 위해 사람들과 힘을 모았다. 글과 논문을 발표하며 문제를 세상으로 끌어왔고, 여러 단체와 협력해 현실을 개선할 방법을 찾았다. 그러던 어느 날, 문득 이런 생각이 떠올랐다. 이 문제가 모두 숲이 사라지며 시작되었다면, 반대로 다시 숲을 이룰 경우 문제는 저절로 해결되지 않을까? 그 순간 왕가리는 자기도 모르게 소리쳤다.

"나무를 심는 거야!"

얼마나 많은 나무를, 얼마나 긴 시간 동안 심어야 할지는 알 수 없었다. 하지만 그것은 지금 고민할 문제는 아니라고 생각했다. 어떻든, 지금 나에게 나무 한 그루를 심을 힘은 존재한다. 그렇다면 결국 선택의 문제일 것이다. 불이 난 숲을 바라만 볼지, 할 수 있는 만큼 물을 떠나를지. 그리하여 그는 불이 난 숲의 벌새가 되기로 했다. 이곳은 바로 나의 보금자리이므로.

이렇게 시작된 왕가리의 나무 심기는 다른 사람들에게 이어졌고, 아프리카 대륙으로 퍼지며 그린벨트 운동으로 자리 잡았다. 케냐와 아프리카 대륙의 미래, 나아가 지구의 미래를 꿈꾼 그는 지속 가능한 발전과 평화에 대한 공로로 2004년 노벨 평화상을 수상했다. 환경 운동가이자 과학자, 사회 운동가이며 정치인 그리고 민족 지도자로서 날갯짓을 멈추지 않은 왕가리 무타 마타이의 여정을 따라가 보자.

＊

세계 지도를 보면 유난히 국경선이 반듯한 지역을 찾을 수 있다. 바로 아프리카 대륙이다. 다른 곳과 달리 자를 대고 그린 듯한 이 국경선들은 식민 지배의 깊은 흔적

중 하나다. 아프리카의 수난은 유럽인들이 이곳에 차례로 도착하여 케이크를 나눠 먹듯 선을 그은 순간 시작되었다. 드넓은 땅은 자원 채취와 대규모 농장 개간 등으로 메말랐고, 인간과 비인간 동물은 노예사냥과 동물 사냥으로 죽음을 맞거나 강제로 고향을 떠나 낯선 땅에서 고된 삶을 이어 갔다. 남은 이들도 고통을 겪기는 매한가지였다. 서로 다른 문화와 풍습을 유지하며 공존하던 여러 민족이 갑작스런 통합과 분할을 겪게 되자, 자연히 이 땅엔 깊은 갈등의 씨앗이 뿌려졌다. 지금도 계속되는 크고 작은 분쟁은 모두 이런 배경에서 비롯된 것이다.

오랜 식민 지배는 아프리카 사람들의 정체성에도 혼란을 가져왔다. 모든 것이 유럽 중심으로 바뀐 세상에서 고유한 문화가 사라지고 서로 편을 갈라 싸우는 동안 사람들의 정체성은 희미해져 갔다. 그리고 이는 곧 아프리카 대륙의 문제로 이어졌다. 우리나라를 보더라도 35년간의 식민 지배가 남긴 흔적과 상처가 여전하니, 200년 넘게 이어진 폭력이 아프리카에 무엇을 남겼을지는 예상하기조차 어렵다. 식민 지배가 끝나고 20세기 중반 아프리카 여러 나라가 차례로 독립했지만, 오랜 부패와 내전, 백인 우월주의는 여전히 많은 이를 고통으로 몰고 있다.

이런 혼란은 왕가리의 삶에도 고스란히 드리워졌다.

왕가리 무타 마타이

그가 태어난 1940년에 부족의 신화는 이미 사라져 흔적도 찾을 수 없게 되었다. 최초의 부모가 낳은 열 명의 딸에서 비롯되었다는 부족 신화는 식민 지배로 당장 생존을 위협당하는 사람들에겐 너무도 먼 이야기였다. 왕가리의 아버지도 당시 많은 사람처럼 가족을 먹여 살리기 위해 기독교로 개종하고 백인의 농장에서 일했다. 부친의 뜻에 따라 왕가리 역시 출생과 동시에 세례를 받고 '미리암'이라는 이름을 얻었다. 그는 마리아 조세피나, 메리 조 같은 영어 이름과 본래 이름 사이에서 자신은 누구인지 늘 혼란스러웠다. 이후 그의 삶은 마침내 스스로를 '왕가리 무타 마타이'라고 말하게 되는 긴 여정이라고 할 수 있다.

여자아이는 배울 필요가 없다는 세상에서 글을 몰랐던 그의 어머니는 딸들에게 배움의 기회를 주었다. 그 순간을 늘 기억했던 왕가리는 긴 미국 유학 생활에서 자유로운 여성들의 삶을 직접 겪으며 더 많은 것을 생각하게 되었다. 당시 미국에서도 성차별은 흔했지만 케냐와 비교할 수는 없었기에 그 삶은 크게 달랐던 것이다. 왕가리는 그런 차이가 기회와 경험에서 비롯된다고 보았다.

쉬지 않고 재배되는 차와 커피는 돈이 되지만 결국 땅을 죽게 만들었다. 그와 달리 다양한 존재가 어우러진

숲은 계속 순환하며 생명력을 잃지 않았다. 어릴 적 숲의 한 존재가 되었던 왕가리는 그 경험에서 세상과 삶에 대한 통찰을 얻었다. 그리하여 나무를 심겠다고 결심한 순간, 왕가리는 케냐의 여성들을 떠올렸다. 오랜 차별 속에서 자기 존재를 생각할 틈 없이 많은 것을 책임져 온 여성들이야말로 누구보다 나무를 잘 가꿀 수 있으리라고 여긴 것이다. 케냐 여성들은 정성껏 길러 낸 나무들로 응답했고, 왕가리는 금전적인 대가를 지불하며 그 노력을 당연한 것으로 여기지 않았다. 무엇보다 이 일은 모두가 동등하게 제 역할을 해내는, 자발적이고 적극적인 참여를 통해 이뤄졌다는 점에서 의미가 있었다. 이렇듯 평등하고 민주적인 방식의 나무 심기는 큰 호응을 받으며 거대한 물결로 이어졌다. 왕가리가 노벨 평화상을 받은 이유는 자연을 보호하려는 노력 때문만이 아니었다. 노벨 위원회는 그린벨트 운동으로 이어진 나무 심기가 아프리카의 부패를 없애며 평등과 민주주의를 실현하는 출발점이자, 평화로운 삶의 개선을 통해 지속 가능한 미래를 준비하는 중요한 사건이라고 평가했다.

하지만 반발도 컸다. 왕가리의 수상이 알려지자 의외라는 반응을 넘어 정치적 음모라는 말이 나올 정도였다. 아프리카를 향한 부당한 저평가와 케냐에 굳건한 성차별

새로운 길을 만드는 여자들

및 민족 차별로 왕가리는 나라 안팎에서 거센 공격과 비난을 받았다. 아프리카의 평화와 나무가 무슨 상관이냐는 사람도 있었다. 하지만 노벨 위원회의 말처럼, 그린벨트 운동은 부패와의 싸움이자 식민 시절부터 이어진 기득권을 향한 투쟁이었다. 오랫동안 어린이와 여성의 권리 및 평등을 위해 싸웠던 왕가리를 지지하는 사람들도 점차 많아지고 있었다.

더욱 적극적으로 자신의 뜻을 실현시키고자 했던 왕가리는 수많은 요청을 받아들이며 1997년 본격적으로 정치에 뛰어들었다. 아프리카의 역사만큼이나 복잡한 케냐의 정치적 혼란 속에서 그는 무언가를 이루었고 또 무언가를 잃었다. 많은 것을 해낸 동시에 논란에도 휘말렸다. 그럼에도 그가 해낸 일의 의미는 변하지 않는다. 그는 환경을 되살리는 일은 평등으로만 가능하며, 지구를 지키는 일은 모두의 삶을 함께 보살필 때 비로소 실현된다는 사실을 증명함으로써 지속 가능한 공존의 길을 제시했다. 모두가 정치적·경제적으로 평등한 그곳에 지구의 미래가 있다는 것이야말로 그가 세상에 던진 중요한 메시지라 할 수 있다.

우리는 가정, 학교, 사회, 국가, 민족 등 다양한 환경 속에서 자신은 물론 타인과 세상을 이해하기 위해 노력하며 살아간다. 아주 오래전 고대인들도 마찬가지였다. 특히 인간이 이해하기 어렵지만 어쩔 수 없이 이해해야만 하는 대상은 자연이었다. 농경에 바탕을 둔 생활 방식에서는 가뭄, 홍수, 지진, 해일 등 땅과 하늘에서 벌어지는 일에 생존의 문제가 걸려 있었기 때문이다.

그때 사람들이 보고 느끼고 생각한 것들은 긴 시간 동안 수많은 이야기꾼의 협동으로 전해지며 신화로 남았다. 하늘, 태양, 땅, 탄생, 죽음에 대해 비슷하면서도 저마다 다른 이야기들이 세계 곳곳에 남아 있다. 세상이 처음 시작되는 이야기인 창세 신화가 대표적인데, 이는 우리나라에서도 찾아볼 수 있다. 모든 것이 하나였던 고요한 우주에 갑자기 하늘과 땅이 분리되자 산이 솟아나고 물이 흐르며 경계가 생기고 마침내 세상이 나타났다. 그런데 하늘과 땅에는 각각 해와 달이 있었다. 두 개의 해가 뜬 낮은 너무 뜨거웠고, 두 개의 달이 뜨는 밤은 너무도 추웠다. 제주도에 전해지는 창세 신화 '천지왕본풀이'의 내용이자 '소별왕 대별왕 신화'로 알려진 이야기다. 형제로 태어난 대별왕과 소별왕이 동생 소별왕의 욕심으로 서로 갈등하자 아버지인 천지왕은 둘에게 문제를 내렸다. 그런데 그것을 해결하는 동안 세상에는 큰 혼란이 생긴다. 결국 소별왕은 잘못을 빌며 도움을 청했고, 대별왕이 해와 달을 하나씩 활로 쏘아 없애자 비로소 평화가 찾아왔다. 해와 달이 하나씩 각각 낮과 밤을 비추고, 이승과 저승에 경계가 생기며 사람과 귀신이 각자의 세상에 속하게 된 것이다. 두 개의 해와 달로 너무 뜨겁고 너무 차가운 세상은 실제 지구에 이어졌던 기후 변화와 유사하다. 이승과 저승의 경계가 없고 귀신과 사람이 함께한다는 이야기는 그만큼 죽음이 가까웠던 삶을 암시하는 것일지 모른다. 이렇듯 서로 다른 곳에 남은 신화는 그 치열했던 삶의 흔적이며, 어느 곳에나 점점 커지고 있던 공동체가 겪는 문제라고 할 수 있다. 굶주림, 야생 짐승의 습격, 전쟁, 나라의 운명 등 어느 때나 사람은 개인적인 문제뿐만 아니라 공동체에 닥친 위기를 함께 헤쳐 가야 했다. 역사의 발전에 따라 공동체의 규모가 점점 커졌고, 이제 우리는 이 지구를 떠나서는 살 수 없다는 사실을 알고 있다. 우리 시대의 숙제는 어느덧 국경을 넘어 범지구적인 것이 되고 있다.

오랫동안 사람들은 그 숙제를 위해 많은 것에 기댔다.

신, 영웅, 돈, 지식, 기술, 폭력 등 그 자리를 차지한 많은 것의 공통점은 사람들이 우러러보며 고개를 숙인다는 것이다. 어느 때나 시대의 숙제를 푸는 것은 위대하고 강하고 특별한 누군가나 무언가로만 가능하다고 여겨지곤 했다. 하지만 왕가리 무타 마타이는 누구도 주목하지 않은 사람들의 힘을 믿었다. 거대한 숲을 이루는 것은 힘든 일이지만 그들과 함께한다면 가능하다고 확신했다.

왕가리는 당시 보기 드물게 많이 배운 여성이자 미국 유학까지 했을 정도로 많은 것을 가진 기득권이었음에도, 수많은 생명이 어우러진 숲과 그 속의 하나인 자신을, 저마다 다르면서 하나같이 특별한 존재들의 조화를 잊지 않았다. 타인의 가치를 인정하는 것이 내 가치를 훼손하는 일이 아님을 알았던 그는 하나뿐인 자신과 그 하나들이 모여 만든 세상 속의 자신을 함께 깨달을 수 있었다. 그리하여 오랫동안 외면당한 여성들의 잠재력을 모아 변화의 분기점으로 만들었다. 왕가리 무타 마타이는 민주적이고 자유로운 분위기에서, 지속적으로 책임지는 사람이 존재할 때 땅은 회복될 수 있다고 믿었다. 나무 심기만이 아니라 영양학과 정치를 넘나들며 현실을 개선하기 위해 노력한 이유였다. 그런데 자연 회복을 위한 이 원칙은 아프리카뿐 아니라 지금 우리에게도 적용된다.

*

우리나라는 국토의 70퍼센트가 산으로 덮여 있어 세계 어느 곳보다 나무가 많은 편이다. 하지만 온돌 문화와 화전민의 증가, 나무가 자라기 어려운 조건 등으로 우리나라의 산은 오랫동안 헐벗은 상태였고, 한국 전쟁 뒤에는 복구 불가 판정을 받을 만큼 파괴되었다. 그러다 1970년대에 들어 대규모 나무 심기에 성공하고, 다른 연료의 보급으로 땔감용 나무 사용이 줄어들면서 과거와 같은 문제가 더는 발생하지 않는 듯 보였다. 1970년대 대규모로 심었던 나무들은 주로 험한 곳에서도 잘 자라고 땔감으로 쓰기 좋은 종류들이었다. 시간이 지나는 동안 이들은 땅의 기운을 북돋고 되살리며 그 목적을 이루어 주었다. 그런데 당시 나무 심기는 국가 주도 아래 놀라울 만큼 빠른 속도로 진행된 반면, 미래에 대한 고려가 거의 없었다. 나무 심기만큼 중요한 '가꾸고 보살피는 과정'이 생략되었을 뿐 아니라 그다음에 일어날 파생 효과에 대해서도 준비가 거의 되지 못했다.

땅은 생명체처럼 삶과 죽음이 존재한다. 그리하여 적절한 휴식이 필요하고, 기운을 다하면 회복하는 데 긴 시간이 걸리며, 되살아난 땅에는 전과 다른 보살핌이 요구

왕가리 무타 마타이

된다. 농경지만이 아니라 산도 마찬가지다. 나무가 잘 자라려면 서로 적당한 간격이 있어야 하고, 무엇보다 여러 종류의 나무가 여러 세대로 섞여 있어야 한다. 다양한 어른 나무 아래로 젊고 어린 나무들이 적당한 거리에 서 있어야 숲이 유지가 될 수 있는 것이다. 그런데 1970년대 최대한 많이 빠르게 길러 내기 위해 심은 나무들은 대부분 같은 종류였고, 관리되지 않는 동안 서로 밀집되어 자라났다. 함께 나이를 먹는 동안 이들은 햇빛을 두고 치열하게 경쟁했으며, 경쟁을 이기지 못한 나무는 그대로 죽어 마른 장작처럼 바닥에 쌓였다. 최근 들어 산불이 대규모 화재로 번지는 경우가 잦아진 데에는 기후 변화뿐 아니라 이런 배경이 한몫하고 있다.

이런 일을 생각하면 막막함이 앞선다. 때로는 억울함이 느껴지기도 할 것이다. 원해서 태어난 것도 아닌데 왜 내가 이 문제를 감당해야 한단 말인가? 우리는 모두 허락한 적 없는 삶에 초대받은 것과 같다. 다만 오랜 역사를 거치는 동안 이미 수많은 사람이 같은 질문에 응답해 왔음을 기억하자. 최초의 부모가 낳은 열 명의 딸에서 시작된 키쿠유족이 그다음 어떻게 이어졌는지는 여전히 알지 못한다. 그러나 긴 시간이 지나 그 딸들이 나무를 심었고, 그 거대한 물결이 아프리카를 되살리는 중요한 순간이 되었다는 사실은 분명하다.

오래전 신화에는 당시 사람들이 풀어야 했던 시대의 숙제뿐 아니라 그 숙제에 응답해 온 노력이 함께 담겨 있다. 그 이야기는 그대로 삶의 증거가 된다. 여성들이 지워진 나라의 작은 소녀였던 왕가리 무타 마타이가 거대한 숲의 시작이 되었듯이, 한 사람에게는 세상이 깃들어 있다. 우리의 결말이 당신으로 말미암아 달라질지 모른다.

나무 한 그루가 숲으로 자라나듯
한 사람에게서 세상의 변화가 시작된다.

강주룡

(모든 삶을 위한 노동을 외치다)

"

나는 죽음을 각오하고 이곳에 섰습니다.

"

1931년 5월 29일 이른 새벽, 평양의 금수산 을밀봉 정상에 사람들이 모여 있었다. 산꼭대기에서도 11미터 축대 위에 자리한 정자 을밀대 지붕에 시커먼 형체가 보였기 때문이다. 움직임 없던 형체는 이내 사람들의 웅성거리는 소리에 몸을 일으켰다. 흰 저고리에 검은 치마. 산꼭대기 지붕에 선 그는 여자였고, 어느덧 그 목소리가 들려오기 시작했다.

"우리 파업단 마흔아홉 명은 우리의 임금 삭감을 크게 여기지 않습니다. 이 일이 평양의 고무 공장 노동자 2,300명의 임금 삭감으로 이어질 것이기에 죽기로써 반대하는 것입니다. 다른 사람을 위해 희생하는 것은 명예롭다는 것이 내가 아는 가장 큰 지식입니다. 나는 노동자를 대표하여 죽음을 명예로 알 뿐입니다. 이 앞에서 임금 삭감을 취소하기 전까지는 결코 내려가지 않겠습니다. 나를 강제로 끌어내릴 생각은 마십시오. 누구든 사다리를 놓기만 하면 그대로 떨어져 죽을 것이니!"

　목소리를 높이는 여자를 끌어내리려다 계속 실패한 일본 경찰은 뒤편에 몰래 놓은 사다리로 정자에 올라간 뒤에야 이 연설을 멈출 수 있었다. 그리하여 새벽 1시부터 아침 9시가 되어 가는 여덟 시간 동안, 그가 있는 힘을 다해 외친 노동자들의 현실과 단결의 이유가 세상에 울려 퍼졌다. 서른한 살의 젊은 나이로 세상을 떠났지만 그 누구보다 강렬한 삶을 살았던 강주룡. 그는 우리나라 최초로 고공 투쟁을 벌인 노동자였다.

*

1901년에 태어나 큰 어려움 없이 살던 강주룡은 아버지가 가산을 탕진하자 열네 살에 식구들과 서간도로 떠났다. 그리고 거기서 그는 스무 살 되는 해에 다섯 살 어린 남자와 부부의 연을 맺었다. 동네 사람들에게 부러움을 사면서도 사랑받기보다 더 사랑했다고 스스로 말했던 삶. 그러나 이 삶은 1년을 채 넘기지 못했다. 나라를 되찾겠다며 남편이 독립운동에 뛰어들자, 옳은 일을 막을 수 없고 남편을 혼자 보낼 수도 없었던 강주룡은 그 길에 함께하기로 했다. 그리고 반년이 지났을 무렵, 남편은 강주룡에게 먼저 집으로 돌아가라고 말했다.

그것은 기약 없는 헤어짐을 의미했다. 언제 다시 보게 될지, 그때까지 살아 있기는 할지 알 수 없었다. 하지만 끝내 남편의 뜻을 꺾지 못한 강주룡은 힘겹게 발길을 돌렸다. 그러다 몇 개월 뒤, 먼 마을에 남편이 쓰러져 있다는 소식이 들렸다. 약 40킬로미터를 달려가 삶과 죽음의 갈림길에 선 남편을 본 그는 손가락을 깨물어 자신의 피를 먹였다. 죽은 사람도 살린다는 그 정성이 통한 것인지 겨우 눈을 뜬 남편과 얼싸안고 울며 참아온 말을 나누던 강주룡은 피곤과 긴장이 풀린 탓에 그대로 잠이 들었다. 정신을 차렸을 때는 한밤중이었는데, 곁에 있는 남편이 움직이지 않았다. 아무리 흔들어도 눈을 뜨지 않자 바늘을 찾아와 찔러 보았지만 소용없었다. 남편은 이미 세상을 떠난 뒤였다. 믿을 수 없는 현실에 눈물도 나오지 않았던 강주룡은 아직 온기가 남아 있는 그의 곁에 누워 마지막 밤을 보냈다.

그런데 사람들과 간소한 장례를 치르고 돌아오자 기막힌 일이 벌어졌다. 자초지종을 듣고 노발대발한 시부모가 자기 아들을 죽인 범인이 며느리라며 경찰에 고발한 것이다. 옥에 갇힌 내내 억울함에 아무것도 먹지 않던 강주룡은 무죄가 증명되자 그대로 본가로 돌아갔다.

하지만 슬픔을 달랠 새도 없이 이번에는 남편을 앞세우고 시부모에게 쫓겨난 여자라며 동네 사람들의 괴롭힘이 이어졌다. 강주룡은 하는 수 없이 다시 조선 땅으로 돌아가지만, 떠나온 땅에 다시 뿌리내리기는 쉬운 일이 아니었다. 1년을 떠돌다 1924년, 평양에 도착한 그는 가족을 먹여 살리기 위해 평원고무공장에 들어갔다. 억울한 비난에 옥살이까지 했던 강주룡은 이제 가난한 식민지 조선의 여성 노동자가 되었다.

남편을 잃으며 그가 겪은 일들은 당시 조선의 젊은 여성들이 겪던 수난을 한데 모은 것과 같다. 혼인하며 '출가외인'이 된 여자들은 출산과 육아는 물론 집안일을 책임지면서도 말문조차 열기 힘들 만큼 가정의 맨 아래에 자리하고 있었다. '뒤웅박'(바가지)에 비유되는 그 삶엔 권리가 거의 없었고, 남편이 먼저 죽거나 아들을 낳지 못하면 더욱 약자가 되었다. 강주룡에게 억울한 옥살이와 괴롭힘이 돌아온 것은 그런 이유였다. 그는 세상에서 가장 만만한 존재였던 것이다. 가정에 자리한 성차별은 사회에서도 마찬가지였다. 이전의 삶도 편안하지는 않았지만, 공장에 들어간 뒤 그의 삶은 더욱 고되기만 했다.

여느 곳에서처럼, 일제 강점기 조선도 세계사의 영향을 받았다. 특히 1920년대 후반에 시작된 대공황은 전 세계에 영향을 주며 각국의 가난으로 이어졌다. 이 시기 일본은 나라 안의 불만을 잠재우기 위해 폭력을 선택했다. 자유와 평등을 외치는 사람들을 짓밟았고, 중국 대륙을 정복한다며 침략 전쟁을 벌인 것이다. 조선은 강제로 그 발판이자 준비 기지가 되었다. 사람들은 총알받이와 노동자, 종군 위안부가 되어 끌려갔으며, 농촌은 쌀한 톨 숟가락 하나까지 남김없이 수탈당했다. 전쟁에 쓰일 물품을 만들기 위해 도시에는 수많은 공장이 세워지며 공장 노동자가 급격히 늘어났지만 사정은 다르지 않았다. 당시 조선인 노동자들이 받은 임금은 일본인이 받던 임금의 절반에 불과했다. 그런데 여기에 성별과 나이에 따른 차별이 더해져 조선 여성은 그 4분의 1을, 어린이와 청소년은 6분의 1을 받으며 더욱 혹사당했다. 특히 여성 노동자들은 성범죄라는 수난까지 함께 겪는 중이었다. 하지만 당시 큰돈을 벌어들인 일본인 사업가들은 이런 조선을 천국이라 말하고 있었다.

독립운동을 하며 사람의 도리와 자주정신을 깨우친 강주룡은 한 나라가 폭력으로 다른 나라 위에 서면 안되는 것처럼 사람도 마찬가지라고 생각했다. 더욱이 같은 민족을 짓밟는 조선인 자본가의 행태는 두고 볼 수가 없는 노릇이었다. 마침내 1931년, 평원고무공장 측에서 이미 턱없이 적은 임금을 또다시 삭감하려 하자 강주룡은 다른 노동자들과 동맹을 맺고 파업을 감행했다. 말 그대로 굶어 죽기를 각오하며 맺은 '아사동맹'이었다. 만약 회사의 뜻대로 임금이 삭감된다면, 다른 공장에서도 같은 일이 벌어질 게 분명했다. 노동 운동이 한창이던 당시 평양에서 이 파업은 노동자들은 물론, 임금 삭감을 염두에 둔 사장들의 이목을 끌었다.

그런데 줄곧 무응답이던 사장이 한밤중에 경찰을 부르며 노동자들은 피투성이로 쫓겨나고 말았다. 아무도 모르게 벌어진 잔인한 폭력에 분을 이기지 못한 강주룡은 죽음으로 이 일을 세상에 알리겠다며 을밀대로 향했다. 오늘날 북한의 국보로 지정된 을밀대는 군사적으로 중요할 뿐만 아니라 평양 8경에 들어갈 만큼 아름다워 큰 사랑을 받는 곳이기도 하다. 강주룡은 늘 사람들로 붐비는 이 을밀대야말로 자신의 뜻을 알리기에 효과적인 곳일 거라고 생각했다. 그러다 문득 의문이 생겼다. 파업단의 거센 저항에도 꿈쩍 않는 저들이 여자 한 명 죽는다고 끄떡할 것인가? 여자를 사람으로 보지 않는 세상이, 죽음으로 알리는 그 뜻을 과연 알아줄 것인가? 그 순간 강주룡은 죽음이 아닌 죽을 각오로 싸우겠다고 결심했다. 그리하여 을밀대에 목을 매는 대신 그 지붕 위에 올

라가 목소리를 높였다. 이 일은 곧 모든 노동자의 일이라는 외침은 떠오르는 태양과 함께 세상으로 퍼져 나갔다.

*

강주룡의 연설은 연일 신문에 오르내리며 많은 사람을 놀라게 했고, 곳곳에서 그의 이야기가 떠들썩했다. 하지만 감옥에 갇힌 80여 시간 동안 아무것도 먹지 않으며 아사동맹으로 대항한 그는 그대로 해고되었다. 그럼에도 석방된 뒤 가장 먼저 달려간 곳은 파업 본부였고, 싸움을 이어 가다 다시 감옥에 갇혀서도 단식으로 맞섰다. 노동자들의 저항이 예상보다 길어지며 세상의 관심이 쏠리자 당황한 회사는 서둘러 파업을 끝내려 했다. 그리하여 임금 삭감 철회, 해고 노동자 복직, 장시간 노동 금지, 민족 차별 금지, 악질 감독관 추방, 수유 시간 보장, 산후 휴가 등을 약속했다. 하지만 바로 다음 날 강주룡은 다시 옥에 갇혔다. 남편 없이 공장에서 일하는 여자라고 무시와 비웃음 당하던 그는 어느새, 소련 공산당의 지시에 노동자로 위장하여 대규모 파업을 이끈 배후 세력이 되어 있었다. 조선인 사장들의 치졸한 복수에 강주룡은 무죄를 주장하며 단식으로 맞섰지만, 병으로 쇠약해지며 석방되고 얼마 지나지 않아 세상을 떠났다. 그의 마지막 길에는 뜻을 같이하며 투쟁했던 노동자 100여 명이 슬픔으로 함께하고 있었다.

노동 운동은 인간 운동이라고 생각한 강주룡은 모든 노동자가 정당한 대가를 받는 것은 기본이요, 모두에겐 인간답게 일할 권리가 있다고 굳게 믿었다. 그리하여 노동 운동에서도 무시되었던 여성 노동자의 권리를 위해 더욱 목소리를 높였다. 여성 노동자들이 겪는 차별은 명백한 성차별이자 모든 노동자를 향한 모욕이라고 보았던 그는 어린 자녀를 기르는 어머니를 보호하는 것은 노동자 이전에 사람으로서 지켜야 할 도리라고 여겼다. 그는 '산전 산후 휴가' '수유 시간 보장' 등을 함께 요구해 남성 노동자들의 항의를 받으면서도 끝까지 물러서지 않았고, 우리나라 최초로 고공 투쟁을 벌였을 뿐 아니라 노동의 성차별을 처음 인지하고 이에 맞섰다.

노동자가 아니라 회사의 이익에 복무하는 어용 노조가 힘을 얻던 1970년대. 인천 동일방직에서는 우리나라 최초로 여성 노조위원장이 탄생하며 수많은 여성 노동자를 위한 싸움에 발판을 만들었다. 1980년대 용접 노동자 김진숙이 수차례 옥살이는 물론 수배 생활과 고문까지 당한 것은 어용 노조의 비리를 고발하고 노동 환경 개선을 요구했다는 이유에서였다. 2022년, 37년 만에야 그토록 바라던 복직을 하게 된 그는 오늘날 많은 이에게 희망과 의지의 본보기가 되고 있다. 모두의 삶과 노동 운동 확대를 위한 여성들의 싸움은 지금도 계속되고 있으며, 그 시작점에 강주룡이 존재한다.

평생 굶주림과 함께하면서도 먹지 못하는 것을 두려워하지 않고, 죽음을 무릅쓴 채 저 높은 곳에 올라선 강주룡. 노동자의 권리를 위한 싸움은 인간다운 삶으로 향하며, 모든 차별이 사라질 때 비로소 그러한 삶이 실현될 것이라던 외침. 긴 시간에도 빛을 잃지 않은 그의 눈빛과 바래지 않은 삶은 여전히 묻고 있다. 우리를 인간답게 만드는 것은 무엇인가?

＊

한 사람이 스스로 살아가려면 그 삶의 권리를 행사하는 정치적 주체이자 그 삶을 스스로 책임지는 경제적 주체가 되어야 한다. 초등학교 6학년이 되면 배우는 정치와 경제는 그 준비를 위한 것이다. 내 삶의 권리는 물론 그 바탕이 되는 '노동'에 대해 익히는 시간이 필요하기 때문이다.

사전을 살펴보면 노동에는 '몸을 움직여 일한다'는 뜻과 함께 '생활에 필요한 물자를 얻기 위한 몸과 정신의 노력'이라는 뜻이 있다. 여기서 다시 '일'은 '무엇을 이루거나 대가를 받기 위해 일정 시간 동안 몸과 머리를 쓰는 것'을 말하고 '물자'는 '활동에 필요한 물건이나 재료'를 가리킨다. 그러므로 노동은 '무언가를 이루거나 대가를 받기 위해 몸과 정신을 쓰는 일 모두'를 뜻하며, 그 결과물은 '눈에 보이거나 보이지 않는 것 모두'라고 할 수 있다.

이 세상 누구도 그저 멈춰 있는 사람은 없으니 우리는 모두 저마다의 일을 하고 있는 셈이다. 어린이는 자라나고, 청소년은 자기 삶을 위한 더욱 본격적인 준비를 하며, 집안을 책임지는 사람은 가사 노동에, 어린아이를 양육하거나 노인을 돌보는 사람은 돌봄 노동에 힘을 쏟는다.

그럼에도 이런 일은 어쩐지 노동이라 하기 어색하다. 아무래도 눈에 보이는 대가, 특히 임금(돈)이 발생하지 않기 때문일 것이다. 그런데 앞서 살펴본 '노동' 개념에는 '대가를 받기 위한 일' 외에 '무언가를 이루기 위한 일'도 포함되어 있다. 눈에 보이는 대가가 지불되지 않는 일을 노동으로 인정하지 않는 것은 이 점을 간과하고 있는 셈이다. 집을 늘 같은 상태로 책임지는 가사 노동자라든지 어린아이와 함께하는 양육자를 '논다'는 말로 비하하는 것이 대표적이다. 그 말은 오랫동안 여성의 사회 진출을 막아 온 구조적인 문제를 드러내면서, '놀기의 중요성'마저 무시하고 있다. 이런 비하는 어린이·청소년 시기를 '제일 좋을 때'라거나 '힘든 게 없는 시기'라고 하는 것과도 다르지 않다. 모두 '돈 되는 일도 안 하면서 뭐가 힘드냐'라는 뜻을 담고 있기 때문이다.

말에는 뜻과 함께 어떤 힘이 깃들어 있다. 언뜻 생각에서 말이 나올 것 같지만, 삶의 많은 순간에 오히려 말이 생각을 이끌곤 한다. 나라에 상관없이 말과 관련된 격언과 속담이 전해지는 것도, 침략당한 나라들이 모두 고유의 말을 빼앗겼다는 공통점이 있는 것도, 자기가 한 거짓말에 자신조차 속는 것도 그런 이유라고 할 수 있다. 또한 시대나 사회에 따라 어떤 말이 더욱 강조되기도 하고, 반대로 억압받으며 축소되기도 한다. 우리나라에서는 노동이란 말이 그렇다. 언제부턴가 '노동자'는 육체노동자로 한정하고, '일' 하면 월급이나 연봉을 먼저 생각하게 되었다. 그런데 노동은 인류 역사와 함께 시작된 오래되고 넓은 의미의 활동으로, 그 삶과 늘 함께해 왔다. 그중 우리가 보통 생각하는 일은 사업장에 고용되어 일정한 돈을 받는 임금 노동으로, 노동의 일부이지 전부가 아니다. 노동에는 임금 노동과 비임금 노동이 함께 포함된다. 또 때로는 5월 1일 '노동절'을 '근로자의 날'로도 부르는 것처럼, '근로'라는 말이 노동을 대신하기도 한다. 하지만 엄밀히 따지면 그것은 상위 개념과 하위 개념의 혼동이다. 근로기준법이 노동법의 하나에 속하듯, 모든 근로자는 노동자가 되지만 노동자가 모두 근로자인 것은 아니다.

더군다나 '몸을 움직여 일한다'는 노동勞動과 달리 근로勤勞라는 용어에는 '부지런히 일한다'는 가치 평가가 담겨 있다. 그리하여 스스로의 노동력보다는 사업장에 고용된 사람이라는 뜻에 더 무게가 실린다. 근로라는 말이 더욱 강조된 것은 일제 강점기부터였고, 노동자의 권리가 무시된 1963년 독재 정권 시절 '노동절'이 '근로자의 날'로 변경되었다는 점은 생각해 볼 문제다. 또한 '부지런히'라는 이 말이 경영자에게는 해당되지 않는다는 점도 석연치 않다. 부도덕하고 불성실한 경영자가 문제 된 것은 어제오늘 일이 아님에도, 어째서 그들에게는 다른 잣대가 적용되어야 하는 걸까? 이렇듯 노동을 향한 차별적인 시선과 억압은 일제 강점기 민족 차별에 더해졌던 성별 및 나이에 따른 차별과 함께 여전히 사라지지 않고 있다.

노동 현장을 보면, 사회 초년생 중에서도 가장 어린 청소년은 또다시 큰 피해를 받는다. 청소년의 임금 노동은 계속해서 늘고 있다. 때로는 여윳돈을 벌기 위해, 때로는 생계를 위해, 때로는 진로로 선택하며 그 수가 더욱 많아졌기 때문이다. 그럼에도 청소년을 학생으로 한정하며 학교 밖에 자리한 이들을 애매한 존재로 대하는 세상은 이 문제를 제대로 비추지 않는다. 그리하여 현장 실습생들이 겪는 문제는 더욱 심각하다.

2021년, 요트 업체에서 일하던 고등학생 현장 실습생이 요트 밑에서 따개비를 따던 중 사망했다. 잠수 장비가 풀리지 않아 익사한 것이다. 원래대로라면 이 일은 육상으로 옮겨서 해야 하지만, 항의에 대한 염려로 작업 방식이 바뀌었다. 숙련된 잠수부가 아닌 십 대 노동자에게 주어졌고, 그 일이 얼마나 위험한지에 대한 안내나 규정이 없었으며, 2인 1조로 일해야 한다는 안전 수칙이 무시되면서 벌어진 사건이었다. 2023년 개봉한 영화 〈다음 소희〉는 한 통신업체 고객서비스센터에서 일하다 스스로 목숨을 끊은 현장 실습생의 이야기다. 2016년 일어난 '구의역 김 군' 사건 외에도 2011년 자동차 공장의 기계 문제 때문에, 2005년에는 아무런 보호 장비 없이 승강기를 고치던 와중에 현장 실습생이 추락으로 사망한 일이 있었다. 1988년 온도계 공장에서 일하다 수은 중독으로 숨진 피해자의 나이는 열다섯 살이었다.

이들에 대한 사정은 주로 사망 사건이 되어서야 겨우 세상에 알려지고, 그 과정에서 숱한 인권 침해와 노동법 위반이 벌어진다. 30년이 넘는 세월 동안, 현장 실습생이라는 말만 생겨났을 뿐 청소년 노동자들이 일터에서 무슨 일을 겪고 있는지는 제대로 알려지지 않았다. 학교와 현장을 잇는 길을 만들면서도 그 안전에 대해서는 누구도 책임지지 않는 현실, 그리고 청소년의 임금 노동을 탈선이나 낙오로 보는 시선이 문제를 더욱 부추기는 중이다. 그리하여 일제 강점기부터 지금까지도 청소년은 노동 현장의 최약자로 자리한다. 현장 실습생 문제는 노동 현장의 약자에게 가해지는 차별과 폭력인 것이다.

이렇듯 뿌리 깊은 부조리를 없애는 일에는 법의 평등과 정치적 권리의 확대뿐 아니라 노동이란 개념의 회복이 함께 필요하다. 인류의 역사는 노동으로 이어지고, 저마다 서로 다른 일을 하는 우리는 모두 노동자이며, 세상은 그 자체로 거대한 노동 현장이 된다는 공감이 그것이다. 누군가는 학교에서, 누군가는 가정에서, 또 누군가는 내가 알지 못하는 곳에서 저마다 일하고 있고 그 가치는 모두 동등하다는 믿음, 내게 소중한 사람이 그 어디에 있든 안전하다는 확신은 노동의 가치를 믿는 세상에서만 가능하다. 그런 세상은 결국 우리 모두를 위한 세상이 될

강주룡

것이다.

내가 겪는 이 일은
결국 우리 모두의 일이 될 것이다.

빌리 진 킹

(자신에게 솔직한 삶으로 세상에 도전하다)

"

후회를 남기지 않는 방법은

자신에게 최대한 솔직해지는 길뿐이다.

"

1973년 미국, 수많은 사람의 눈이 텍사스 주의 한 테니스 경기장으로 향했다. 경기를 펼칠 사람은 스물아홉 살 여성 빌리 진 킹과 쉰다섯 살 남성 바비 릭스로, 각각 전성기를 맞은 선수와 은퇴한 챔피언이었다. 그들은 뜨거운 논쟁과 함께 이른바 '성 대결'을 펼치기 위해 그 자리에 섰다.

이날 경기는, 새로 열리는 대회에서 남녀의 우승 상금이 여덟 배나 차이가 나자 여성 선수들이 여기에 이의를 제기하며 성사된 것이었다. 결승전 입장권은 똑같이 팔렸는데 상금에 차이가 나는 이유는 무엇인가? 돌아온 답변은 '남자는 가족을 먹여 살릴 뿐 아니라 훨씬 빠르고 재미있는 경기를 보여 주기 때문'이라는 것이었다. 미국에서도 테니스 경기장에서도 성차별이 문제가 되지 않는 시대였다. 그러자 뜻을 모은 여성 선수들은 대회 참가를 거부했고, 이와 동시에 열린 테니스계의 성 대결은 더욱 큰

빌리 진 킹

관심을 받게 되었다. 당시 바비 릭스는 한 인터뷰에서 이렇게 말했다. 침실과 부엌에 있으면 족할 여자들이 요즘 안 끼어드는 데가 없다고, 아무리 내가 은퇴했어도 여자에겐 지지 않는다고, 최고의 여자 선수도 남자를 이길 순 없다고. 그러므로 여자는 남자와 같은 상금을 받을 자격이 없다던 그는 이 점을 경기로 증명하겠다고 나섰다. 불길에 기름을 부은 듯한 그 말에 여성들의 분노는 더욱 거세져, 이 문제는 어느덧 상금을 넘어 선수로서의 삶과 권리 문제로 향하고 있었다.

이미 그해 마거릿 코트를 상대로 한 성 대결에서 승리하며 기세등등해진 바비 릭스와 달리 빌리 진 킹은 긴장할 수밖에 없었다. 자기마저 진다면 여성의 삶은 50년 뒤로 후퇴할지 모른다는 부담감이 엄습해 왔다. 하지만 그는 그런 일을 막을 자리에 선 것 자체가 자신만이 누릴 수 있는 특권이라고 생각하며 마음을 다잡았다. 두려움과 긴장이 당연한 그 자리는 오직 한 사람만이 설 수 있는 곳이었다. 동전의 양면처럼 함께하는 사실에서 그는 두려움을 이겨내고 힘차게 공을 날렸다. 그러고는 3만여 명의 관중과 수천만 명의 시청자 앞에서 세상의 차별과 편견을 가차 없이 꺾어 주었다.

여성들의 대표가 되어 스포츠 역사상 성 대결에서 첫

새로운 길을 만드는 여자들

승리를 거둔 순간, 빌리는 하늘 높이 라켓을 던지며 크게 환호했다. 라켓은 비록 중력을 이기지 못하고 다시 땅으로 떨어졌지만 개의치 않았다. 세상이 단번에 바뀌지는 않을지언정 그는 계속 일어나 경기를 이어 갈 터였다. 테니스 경기장뿐 아니라 그 너머에서도 마찬가지였다. 세상이 여성들의 말을 듣지 않기에 최고가 되기로 했다던 그는 그 목표를 이루는 데 힘을 아끼지 않았다. 최고의 자리에 올라 차별에 맞서겠다는 어린 시절의 다짐이 탐험가의 나침반처럼 평생 방향을 안내해 주었다. 그러는 동안 그의 도전들은 의미 있는 변화로 나타나고 있었다.

위대한 테니스 선수이자 환경 운동가이며 사회 운동가이고 사업가인 빌리 진 킹은 여성 프로 선수 최초로 커밍아웃을 한 성 소수자이기도 하다. 지금도 그는 우리가 흘리는 땀을 성별로 나눌 수 있느냐고 물으며 세상의 차별과 편견에 강한 스매시를 날리는 중이다.

*

키 164센티미터인 빌리는 테니스 선수로는 거의 최단신에 속하면서도 마흔 살에 은퇴하기까지 6년간 세계 랭킹 1위, 여성 스포츠 선수 최초 10만 달러 상금 달성, 한 시즌 최다 단식 경기 및 최다 승리, 한 시즌 최다 복식 타이틀 달성 등 놀라운 기록을 남겼다. 하지만 그가 처음부터 테니스를 원한 것은 아니었다. 열 살에 너댓 살 많은 여자아이들과 같은 소프트볼 팀에서 뛰며 우승컵을 안았을 만큼 어린 시절부터 운동에 재능이 있었던 빌리는, 좀 더 여성스러운 운동을 하라는 부모님의 뜻에 따라 열한 살에 처음 테니스 라켓을 들었다.

그럼에도 어린 빌리는 자신을 억지로 바꾸려 하지 않았다. 엄격한 집안에서 자라 모든 것을 제 뜻대로 할 수는 없었으나, 그는 원하는 것이 무엇인지 스스로에게 늘 물으며 자신에게 솔직하기 위해 노력했다. 덕분에 처음 출전한 대회에서는 너무 공격적이라는 이유로 경기가 중단되기도 하고, 짧고 하얀 치마 대신 반바지를 입었다며 단체 사진에서 제외되는 일도 있었지만 말이다. 점차 빌리는 여자이기 때문에 강요되는 일들과 경기장에는 늘 백인만 보인다는 사실을 함께 깨닫게 됐다. 연습과 훈련을 통해 실력을 갈고닦는 동안에도 자신에게 계속 질문을 던졌던 그는 어느덧 세상의 차별을 조금씩 알아 가고 있었다. 그렇게 열네 살이 되었을 때, 한 어른이 '앞으로 어떻게 살아가겠느냐'고 묻자 그는 '세계 최고의 테니스 선수가 되겠다'고 답했다. 그때까지만 해도 테니스는 생업이 되기 어려운 종목이었고, 운동선수는 여성에게 기대되는 일이 아니었다. 자신을 한계에 가두지 않은 빌리의 꿈은 그 자체로 거대한 도전일 수밖에 없었다.

　가장 유망한 젊은 선수로 늘 손꼽히던 빌리는 운동에 집중하기 위해 열여섯 살에 학교를 그만두면서 더 거침없이 나아갔다. 그는 여러 경기에서 승리하고 기록을 남기며 점점 유명세를 얻어 갔다. 하지만 이 작은 여자아이 안에서 타오르는 거대한 불길을 눈치챈 사람은 거의 없었다. 어느덧 훌륭한 테니스 선수로 성장한 빌리는 어린 시절 자신과의 약속을 지키기 위해 프로 스포츠 선수가 되었다. 1968년 프로와 아마추어의 구별 없이 모든 테니스 선수가 대회에 자유롭게 참가할 수 있게 된 것, 그리고 상위권 선수들은 테니스만으로 생계를 유지할 수 있게 된 것은 빌리를 비롯한 많은 선수의 노력이 있었기 때문이다. 그런데 큰 벽을 하나 넘어선 뒤에도 그 앞엔 더욱 거대한 장벽이 남아 있었다. 땀방울에도 성별이 있다는 듯 테니스 경기장에도 굳건했던 성차별이었다.

　1973년 벌어진 성 대결은 당시 현실의 축소판이라 할 수 있었다. 당대 최고의 선수조차 여성이라는 이유로 '은퇴한 남자 선수를 이길 수 없다'는 소리를 들을 만큼, 세상은 여성을 약한 존재라고만 여겼다. 여성에게 따라붙는 '감정적' '비논리적' '비이성적' 등의 수식어는 오랜 시간 변함없이 반복된 편견의 증거이도 했다. 그러니 빌리가 남성을 상대로 승리하는 모습에 사람들은 큰 충격을 받을 수밖에 없었다. 한때 너무 공격적이라며 경기를 제지당했던 여자아이는 자신이 원하는 바를 이루기 위해 질문을 멈추지 않았고, 그 질문은 10여 년이 지나 세상을 들썩이게 하고 있었다.

이런 빌리의 도전은 경기장 안팎을 넘나들며 차례로 열매를 맺기 시작했다. 1973년 여성 선수들의 권리를 위한 '여성선수연맹'이 만들어지면서 창립 멤버인 빌리가 첫 회장을 맡았다. 또 남녀의 우승 상금이 똑같지 않으면 참가하지 않겠다는 그의 말에 US 오픈이 규정을 바꾸며 그해 역사상 최초로 남녀가 같은 상금을 받는 메이저 대회가 열렸다. 이후 2007년 윔블던을 끝으로 세계 4대 메이저 테니스 대회에서는 남녀가 동일한 상금을 받게 되었으니, 이는 그가 도전을 시작한 지 40여 년 만의 일이었다. 2020년 여자 테니스 국가 대항전이 '빌리 진 킹 컵'으로 이름을 바꾼 것은 그가 테니스계에서 어떤 의미인지를 그대로 보여 주는 사건이라 할 수 있다.

여성들과 연대하는 빌리의 행보는 여기서 그치지 않았다. 그는 1974년 운동과 신체 활동을 통해 여성의 삶을 발전시킨다는 목표로 비영리 자선 단체 '여성스포츠재단'을 세웠다. 또한 기후 변화에 대응하며 채식과 녹색 운동에 힘쓰는 한편, 2021년에는 직접 투자를 통해 여성 전용 은행 '퍼스트 위민스 뱅크'(FWB) 설립을 주도하기도 했다. 사실상 전 세계 빈곤층의 70퍼센트가 여성일 만큼 가난과 성차별은 뗄 수 없는 문제인 가운데, '퍼스트 위민스 뱅크'는 설립자와 소유주, 경영자 및 이용자를 모두 여성으로 설정함으로써 성별에 따른 대출 격차를 해소하고 여성 경제에 기여하겠다는 포부를 나타내고 있다.

1983년 마흔의 나이로 선수 생활을 마치기 두 해 전, 마침내 빌리는 여성 프로 선수 최초로 커밍아웃을 하고 자신이 성 소수자임을 세상에 밝혔다. 동성애를 인정하지 않던 완고한 부모님, 20여 년간 함께해 온 남편, 수십 년간 쌓아 온 명성과 세상의 관심에도 자기 자신에게 솔직해지기 위해 용기를 낸 것이었다. 그는 어린 시절부터 홀로 감당해 온 무거운 사실을 받아들이며 힘든 시간을 피하지 않고 견뎠다. 그리하여 시간이 지난 뒤 부모님과 남편은 물론 자기 자신과도 화해할 수 있었다.

세상은 결국 변하고야 만다는 사실을 자기 삶으로 증명해 온 빌리 진 킹. 자신에게 솔직한 삶을 자양분 삼아 변화를 이끌어 온 그는 우리에게 묻는다. 당신 삶의 진정한 목표는 무엇인가? 그리고 덧붙인다. 삶이 때로는 원하던 곳으로 향하지 않더라도, 때로는 어디선가 헤매는 것 같아도 다시 또 길이 나타날 거라고. 거기서 무엇을 만날지는 알 수 없어도, 그 끝에 도달할 힘이 당신에게 존재한다는 사실만은 분명하다고.

*

중세 독일, 교황청으로부터 신의 계시를 받은 성녀로 인정받은 한 중년 여성이 있었다. 수녀인 그는 수많은 독일어 낱말을 직접 만들고 최초의 인공어를 완성한 언어학자였으며, 오늘날의 오페라를 처음으로 만든 사람이자 기록으로 남은 최초의 여성 작곡자이며, 약초를 기르고 그 쓰임에도 밝은 약초학자인 동시에 출산과 태교를 포함해 사람의 몸을 살핀 의학자였으며, 식물과 광물, 하늘을 연구한 과학자이고, 화가이고, 작가였다. 중세 유럽의 문화와 역사에 큰 영향을 끼쳤으면서도 우리에게는 낯선 천재 힐데가르트 폰 빙엔(빙엔의 힐데가르트)이다. 높은 학식과 깊은 통찰력으로 이미 대중에게 인기가 있던 그는 교황청의 인정을 받은 뒤로 엄청난 명예와 어마어마한 부까지 거머쥐게 됐다. 그가 지내던 수도원뿐 아니라 개인에게로 들어온 후원금의 규모가 그를 견제하고 비난하던 남성들조차 고개 숙이게 할 정도였다고 하니 당시로서는 엄청난 일이었을 것이다. 그런데 뛰어난 능력으로 세상을 놀라게 했던 그는 전에 없던 일을 시작하며 다시한번 세상에 큰 충격을 주었다. 역사상 최초로 여성들로만 이뤄진 수도원을 만들겠다고 선언한 것이다.

중세 유럽에서도 여성은 남성보다 열등한 존재로 여겨졌다. 여성 교육에 중요한 역할을 한 수도원에서도 사정은 다르지 않아 여성 수도사(수녀)는 남성 수도사의 보조에만 머물렀다. 그런 세상에서 힐데가르트의 선언은 여성이 남성과 같은 일을 할 수 있음을 의미하는 것이었고, 으레 그렇듯 남성 수도사들은 거세게 반발하며 비난을 쏟아 냈다. '여자는 신을 만날 수 없다'는 믿음 때문만은 아니었다. 수도원에 들어오는 막대한 후원금을 쓸 수 없다는 것이 더 큰 이유였다. 그럼에도 뜻을 굽히지 않은 힐데가르트는 12세기 중반 빙엔에 역사상 최초로 여성 수도원(수녀원)의 문을 열었다. 놀라운 재능으로 부와 명예를 얻고 저 높은 자리에 오른 그에게는 타고난 능력 이상으로 원대한 소망이 있었던 것이다.

이와 비슷한 팔방미인의 사례를 우리 역사에서도 찾아볼 수 있다. 바로 17세기 조선의 실학자이자 당시 조선에서 가장 많은 책을 읽은 여성으로 알려진 이빙허각이다. 친척이 옥사에 휘말리며 가문이 몰락한 뒤 그는 옷을 짓고, 음식을 만드는 등 가사 일을 하는 동시에 농사를 짓고, 누에를 치고, 가축을 기르며 적극적으로 생업에 뛰어들어야 했다. 고된 노동을 이어 가면서도 그는 하늘과 땅의 이치를 생각하고 사람의 도리를 지키고자 했으며, 삶에 대한 호기심과 열정을 잃지 않았다. 그리고 이 모든 경험을 책으로 집대성했다.

이빙허각의 대표작 『규합총서』는 옷 짓기와 요리법이 중심인 두 권을 나라에서 배포하며 그 의미가 축소되어 알려졌지만, 실제로는 총 다섯 권으로 된 백과사전이다. 가정 살림에 대한 지식이 주된 내용이면서도 "규합(여성) 중에 어찌 인재 없으리오."*라는 구절에서 보듯, 당시 지식인들에게서 보기 어려운 여성관을 함께 드러내기에 더 귀한 의미가 있다. 여기서 이빙허각은 정절을 지킨 여성뿐 아니라 나라를 지키고, 검술에 뛰어나고, 학식이 풍부하며, 자기만의 재주가 있는 등 다양한 여성의 삶을 이야기하고, 여성 시인들이 쓴 시들만 모아 소개하며, 자연

*　이빙허각, 『규합총서』, 국학진흥연구사업추진위원회, 한국정신문화연구원 2000, 579쪽.

에 대한 탐구, 먼 나라의 진귀한 보물처럼 당시 여성들이 쉽게 접할 수 없는 내용을 함께 적었다.

배움이 허락되지 않는 조선 여성들에게 드넓은 세상을 보여 주려 한 이빙허각의 의도는 그의 책이 모두 한글로 쓰였다는 점에서도 더욱 확실하게 드러난다. 양반가에서 태어나 평생 책을 접한 그는 한자를 읽고 쓸 줄 알면서도 자신의 책을 모두 한글로 채웠다. 한자를 익힌 여성이 드문 세상에서 자신의 지식을 더 많은 여성과 나누려 한 것이다. 다른 책『청규박물지』에서는 "간략하지만 다루는 것이 넓어 눈과 귀를 열어 줄 것"**이라고 쓰며 "우리 무리가 기특하게 볼 것"이라고 덧붙였다. 조선의 모든 여성을 아우르는 그 말에는 지식으로 다른 여성들과 연대하며 차별의 시대에 맞서려는 뜻이 담겨 있다. 자신의 책이 널리 읽히길 바랐던 그 소망에 응답하듯 조선의 여성들도 이를 적극적으로 필사하며 나눠 읽었다. 이빙허각은 우리에게 흔히 알려진 조선 시대 여성상을 벗어나는 인물이자 당시 여성들의 연대와 의지를 보여 주는 증인이라고 할 수 있다.

** 김수연, 『조선시대 고증적 박물학자 빙허각 이씨』, 이화어문논집 제44집 2017, 268쪽.

힐데가르트 폰 빙엔, 이빙허각 그리고 빌리 진 킹. 이들은 개인의 놀라운 능력으로 세상이 정해 놓은 한계를 뛰어넘으며 많은 것을 얻었지만, 거기 멈춰 있지 않았다는 공통점이 있다. 흔히 부, 명예, 지식은 삶의 수단이면서도 때로는 목적인 듯 사람들을 혼란에 빠뜨려 왔고, 개인으로서는 뛰어났던 사람조차 그 덫에 걸려 자신이 이룬 것을 스스로 무너뜨리기도 했다. 하지만 다른 사람들과 함께하고자 했던 이 여성들은 자신이 진정으로 원하는 것이 무언지 찾길 멈추지 않으며 다른 여성들과 힘을 모아 거대한 차별에 맞서 변화의 씨앗을 뿌렸다. 그리하여 그 삶은 세상의 변화를 보여 주는 증거가 될 뿐만 아니라 그 최초의 순간에 자리하는 개인의 뜻을 함께 보여 준다.

내가 진정으로 원하는 것은 무엇인가? 삶이란 어쩌면 이 질문에 끊임없이 답하는 과정일지 모른다. 아무리 최고의 선수라도 패배의 순간은 있기에 그 길에서 좌절과 슬픔을 만나는 것은 당연하다. 그럼에도 내 삶에 진실하게 임하는 건 결국 자기 자신밖에 할 수 없는 일이다. 빌리 진 킹은 그렇게 용기를 내어 맞섰다. 그 일은 시행착오가 따르기에 쉽지 않았지만 견딜 가치가 있다고 그는 말한다.

어느 때보다 많은 잣대와 함께하는 청소년에게 솔직한 자신을 마주하는 것은 더욱 어려운 일이다. 가장 예민한 감각을 지닌 시기이기에 두려움과 혼란도 클 수밖에 없다. 그리하여 세상의 잣대로 좌절을 겪고, 때로는 타인뿐 아니라 스스로를 속이기도 할 것이다. 다만 그것은 누구나 겪을 수 있는 과정이라는 점을 기억했으면 좋겠다. 그럼에도 우리는 스스로에게 솔직해질 수 있다는 사실도 함께. 나에게 솔직해지는 것은 작은 일에서 시작한다. 우주의 모든 것이 작은 점에서 시작되었듯, 삶의 모든 실마리가 거기에 있을지 모른다. 그중 당신의 시작은 무엇이 될까? 그게 무엇이든 지금 당신에게 이미 자리하고 있다는 사실만은 분명하다.

자신에게 계속 질문을 던지자.
그게 무엇이든 상관없이.

자하 하디드

(있는 그대로의 자신을 받아들이다)

"

삶이란 네모 무늬 속에서 이뤄지지 않는다.

모래, 물, 갈대, 새, 건물 그리고 사람,

그들이 함께 흘러가는 풍경의 아름다움이

내 안에 늘 자리하고 있다.

"

2022년 5월, 아프리카 대륙 부르키나파소의 디에베도 프랑시스 케레가 프리츠커상을 받았다. 건축계의 노벨상이라 불리는 프리츠커상 최초로 아프리카인 수상자가 나온 것이다. 주로 유럽 및 영미권의 유명 건축가에게 치중되던 이 상은 2010년부터 변화를 위한 노력과 함께 이름이 알려지지 않은 사람들을 주목하기 시작했다. 디에베도 프랑시스 케레는 가난하지만 끈끈한 공동체를 지켜온 고향을 마음에 간직하며 따스하고도 순환 가능한 건축에 힘써 온 건축가로, 아프리카 너머에는 잘 알려지지 않은 인물이었다. 그의 수상은 지속 가능한 건축에 대한 전망을 밝히며 새로운 가능성을 일깨우는 한편 프리츠커상이 다시 한번 도약하는 순간으로 남았다.

그런데 프리츠커상의 이런 행보는 하루아침에 이루어진 것이 아니다. 국적, 인종, 이념에 상관없이 건축가로서의 재능과 전망, 헌신 등을 기준으로 상을 수여한다고는

자하 하디드

하지만, 실제로는 오랫동안 남성에게만 그 영예가 돌아간 역사가 프리츠커상에도 존재하기 때문이다.

건축 분야에서도 여성에게 높았던 벽이 허물어지며 수많은 여성 건축가가 나왔으나, 프리츠커상은 30년 가까이 남성의 전유물이었다. 1991년 열세 번째 상은 부부 건축가 중 남편만을 수상자로 선정하며 큰 논란을 일으켰고, 불공평하게 제외된 '스콧 브라운'의 이름을 딴 청원이 몇 년 뒤 대대적으로 이뤄졌지만 결과는 번복되지 않았다. 하지만 이렇듯 굳건한 성차별에도 자신의 길을 포기하지 않은 여성 건축가들은 결국 프리츠커상에 제 이름을 올렸다. 2010년 공동 수상자 세지마 가즈요(일본), 2017년 수상자 카르메 피젬(스페인)이 그랬고, 2020년 아일랜드의 이본 패럴과 셜리 맥나마라는 41년의 프리츠커상 역사 최초로 여성 두 사람의 이름을 나란히 새겼다.

그런데 이 여정에 첫 깃발을 꽂은 건축가가 있었다. 숱한 영광을 얻는 동시에 끊임없이 논란을 일으킨 사람. 자하 하디드라는 이름이 알려진 이유는 여럿이지만, 유독 많은 말이 따라붙은 데에는 백인 남성 중심의 건축계에서 처음 주목받은 아랍계 여성이라는 점을 빼놓을 수 없을 것이다. 그는 불가능한 건축물만 그려 댄다는 비웃음을 뒤로한 채 처음 기회를 잡은 이후 수차례 영광스런 자리에 오르면서도 늘 소수에 속했다. 그럼에도 그것을 자신의 개성이자 가능성으로 받아들이며 남성 중심의 건축계에 크고 작은 균열을 일으켰다. 그렇게 자하 하디드는 2004년 프리츠커상 최초의 여성 수상자이자 최초의 아랍계 수상자이면서 최연소 수상자로 건축 역사에 이름을 남겼다.

*

1950년 이라크에서 태어나 어릴 적부터 수학과 주변 관찰하기를 좋아했던 자하는 어느 틈엔가 건축에 빠져들기 시작했다. 수학이 수를 통해 세상을 풀이하는 학문이라면 건축은 그런 수학을 바탕으로 새로운 세계를 펼쳐 내는 일이었다. 그리하여 대학에서 수학을 전공한 그는 런던으로 건너가 건축을 공부하기 시작했다. 작은 방에서 생각에 빠지고, 밑그림을 그리고, 책을 읽는 동안 자하의 세계는 점점 개성적이고 도전적으로 펼쳐지고 있었다. 머릿속에 떠오른 것을 옮긴 밑그림은 둥글고, 기울고, 흔들리는 등 고정관념에서 벗어나 자유로웠을 뿐 아니라 연필은 물론 붓과 물감으로도 더욱 화려하게 표현되었다. 불가능하거나 상황에 맞지 않는 부분은 언제든 고칠 수 있

자하 하디드

다고 생각한 그는 늘 자신이 떠올린 그대로를 종이에 옮겨 냈다. 이렇듯 관습에 얽매이지 않았던 자하는 일상에서도 주관과 개성을 드러냈고, 주변 환경을 새로이 하는 데도 적극적이었다. 털 달린 구두 같은 화려한 옷차림과 함께 당시 건축가에게서 보기 어려웠던 긴 코트는 어느덧 그의 상징이 되었다.

자하의 자유롭고 독특한 상상력은 호불호가 엇갈렸지만 늘 주목받았다. 그는 자신의 재능과 개성을 인정해 준 교수 밑에서 일하며 비교적 빨리 건축가의 삶을 시작해, 몇 년 뒤인 1979년 회사를 차려 독립했다. 이 무렵 그는 여러 대학에서 강의하고 여러 공모전에서 상을 받으면서 점차 유명세를 얻어 갔다. 그러나 자하의 뜻은 오랫동안 현실에서 실현되지 못했다. 여러 상을 받은 설계도마저 공사비가 많이 든다거나 실용적이지 못하다거나 너무 튄다는 등의 이유로 건축물이 될 수 없었다. 급기야 설계도만 있고 건축물은 없는 '종이 건축가'라는 비웃음이 따라왔다.

1994년 첫 작품인 비트라 소방서가 세상에 나오기까지 10년이 넘도록 자하의 세계는 받아들여지지 않았다. 건축물이 하나둘 완공되고 나서도 비판은 이어졌다. 공사비가 많이 든다거나 실용적이지 못하다거나 너무 튄다는 말이 똑같이 반복되었다. 세상은 그의 건축물이 스스로 돋보이려 하며 제 주장을 굽히지 않는 특징이 있다고 평가했다. 하지만 자하는 이런 말들에 흔들리지 않았다. 그는 타당한 비판이라면 받아들였고 건축이란 협동과 타협이 필요한 일임을 인정하면서도, 납득할 만한 이유 없이는 자신의 개성과 특징을 절대로 포기하지 않았다.

실제로 그의 작품을 보면, 직선과 평면 위주의 건축계에서 보기 드물게 부드러운 곡선으로 채워져 있으며 때로는 혼란스러울 만큼 극단적인 특징이 드러나기도 한다. 어딘가로 흘러가는 듯 출렁이는 그의 건축물을 볼 때마다 사람들은 왜 직각이나 직선이 없느냐는 질문을 쏟아냈다. 여기에 대한 자하의 답변은 이렇다. "삶은 바둑판 무늬에서 이뤄지지 않습니다." 그는 평평하지도 규칙적이지도 않은 자연에서 오히려 우리는 편안함을 느끼지 않느냐고 되물으며, 앞으로의 건축은 네모 블록에서 벗어나 복잡하고 유동적인 세상을 하나로 담아내야 할 것이라고 덧붙였다. 본인은 그렇게 말하거나 인정한 적 없지만 그가 대표적인 해체주의 건축가로 알려지게 된 것도 이러한 작품 세계와 연관이 있다.

해체주의 건축에서는 건물 모양이 조각 작품처럼 개성적이고 독특하여 설계 과정에도 직선보다는 곡선을 많

이 쓰게 된다. '빌딩' 하면 보통 떠올리는 네모 모양과는 정반대인 것인데, '해체'라는 말에서 연상할 수 있듯 건축물에 관한 기존 관념을 풀어 헤치고 무너뜨리려는 시도인 셈이다. 건축계의 이 같은 변화는 20세기 후반 다양성에 주목하던 사상 그리고 전통적인 방식을 벗어나 새로운 재료를 도입하려 한 예술 운동에서 영향을 받은 바가 크다.

프리츠커상 수상 이후 자하의 건축은 어느덧 건축계의 주류가 되었다. 하지만 자기 세계를 포기하지 않는 여성으로서 그는 여전히 소수자이기도 했다. 사람은 주어지는 기준에 따라 다수자와 소수자를 오갈 뿐, 늘 다수자인 사람도 늘 소수자인 사람도 존재하지 않는다. '나'라는 사람은 한 사람이지만, 때에 따라 다수가 되기도 소수가 되기도 하는 존재들이 이미 내 안에 함께하기 때문이다. 판에 박힌 세상이 앞으로 나아가는 건 자기 안의 그러한 소수자에게 눈을 돌릴 때 비로소 가능할지 모른다. 남성 중심, 직선 중심의 건축계에서 자하의 세계가 거대한 파장을 일으킨 것처럼, 권위를 내세우던 프리츠커상이 변방의 건축가에게 주목하게 된 것처럼.

자기 자신을 마음껏 드러내며 굳건한 세계에 변화의 힘을 불어넣은 자하 하디드. 우리나라의 동대문디자인플

라자를 비롯해 지구 곳곳에 자신의 작품을 펼쳐 보이던 그는 2016년 예순여섯을 일기로 세상을 떠났다. 그러나 그의 삶은 여전히 말하고 있다. 자연 속에 어우러진 존재 가운데 같은 것은 하나도 없듯, 수많은 사람이 함께하는 세상에서 '나'를 발견하는 일이야말로 우리의 사명이라고. 하나뿐인 나의 삶을 기쁜 마음으로 채워 갈 때, 서로 다른 수많은 세계가 만나고 부딪치는 가운데 우리는 새로운 세상으로 나아갈 수 있을 것이다.

*

어릴 적 남자로만 채워진 위인전 사이에는 세 명의 여성이 있었다. 신사임당, 헬렌 켈러 그리고 ('퀴리 부인'으로 익숙했던) 마리 퀴리다. 그런데 어린 내게 이들은 궁금증을 안겨 주었다. 신사임당 책에는 아들 이이의 비중이 더 컸기에 나는 그림 잘 그리고 아들 잘 키웠다는 이유만으로 이순신 장군과 나란히 있는 그가 잘 이해되지 않았다. 여성은 이름이 아니라 성씨만 기록되는 세상이 어떤 곳인지 이해하기에는 너무 어려웠다. 그런 조선에서 열다섯 살이 된 이 여성은 스스로 호를 지었다. '사임당'師任堂의 '사임'은 '태임太任을 본받겠다'는 뜻이다. 유교의 중요

인물이자 한반도에도 큰 영향력을 끼친 공자가 주나라의 문왕을 아주 높이 평가하며 조선의 유학자들에게도 문왕은 훌륭한 왕이자 본받아야 할 사람이 되었다. 태임은 그 문왕의 어머니였다. 그런데 차별 없는 집안에서 학문과 예술을 연마하며 공자의 가르침을 따랐던 신사임당이 문왕 대신 그 어머니 태임을 본받겠다고 선언한 것이다. 그에게 태임은 지혜로운 어머니가 아니라 군자 중의 군자요, 따르고 싶은 인간상 즉 롤모델이었다. 하지만 조선 시대에 태임이 문왕의 어머니로만 이야기되었듯 과거 여성을 스스로 재발견하며 자기 삶을 꿈꾸었던 신사임당도 그와 비슷하게 축소되었다. 남성 중심의 조선에서 여성이라는 소수자로서 동등한 사람이 되지 못했던 신사임당은 물론 그 후예들은 긴 시간이 지나서도 비슷한 대접을 받았다.

헬렌 켈러는 어떠한가. 설리번 선생님과의 감동적인 일화가 주를 이뤘던 위인전을 읽고 시간이 훌쩍 지나서야 그 책에는 많은 것이 생략되었음을 알았다. 학대에 가까운 방치를 당하다 설리번 선생님을 만난 헬렌 켈러는 장애를 극복했다며 대중에게 큰 사랑을 받았다. 하지만 그가 장애인 차별에 맞서고 여성 참정권 운동에 뛰어들자 관심은 사라졌고, 적개심을 드러내는 이들마저 생겨났다. 사회주의자라며 FBI의 감시를 받을 정도였다. 세상은 장애를 스스로 극복하는 온건한 장애인만 좋아했지 동등한 권리를 주장하는 모습과 그들이 겪는 차별에 대해서는 보고 싶지도 듣고 싶지도 않았던 것이다. 어린이, 장애인, 여성이었던 헬렌 켈러는 소수자의 삶을 그대로 보여 준다. 우리나라 국회를 보면 그들은 여전히 사회의 중심에 멀리 있음을 알 수 있다.

마리 퀴리의 위인전은 세 위인전 가운데 가장 재미있게 읽은 책이지만, 어른이 되어 다시 보았을 때 느낌은 완전히 달랐다. 그 삶에는 최초란 수식어가 많이 나온다. 마리 퀴리는 여성 최초로 노벨상을, 인류 최초로 노벨상을 두 번 받은 사람이자 프랑스 소르본대학 최초의 여성 교수였고, 프랑스 국립묘지 판테온에 묻힌 최초의 여성이었다. 하지만 그 삶을 뒤따라가기란 결코 마음이 편한 일이 아니다. 여성이라는 이유로 폴란드에서 대학에 들어가지 못해 떠나온 프랑스에서 그는 이민자이자 외국인이었고, 과학계에 보기 드문 여성이었다. 그에게 최초는 그저 영광이 아니었다. 첫 노벨상 수상은 남편 피에르 퀴리가 아내와의 공동 수상을 인정하라며 여러 번 탄원서를 쓴 뒤에야 겨우 인정되었다. 마리 퀴리가 시작한 연구였는데도, 우여곡절을 겪은 수상 뒤로는 남편 덕에 노벨상을 탔다며 거센 조롱과 비난이 이어졌다. 살아 있을 때 그는 프랑스 과학 아카데미의 회원이 되지 못했다. 성별이 여성이기 때문이었다. 오늘날의 명성과 달리 살아생전 마리 퀴리는 대부분의 시간을 소수자로 차별받으며 조롱과 비난을 당했다. 세 여성은 모두 거대한 차별이 만든 선 밖으로 밀려나 있었다. 역사에 새겨진 경계는 당대의 상식이나 평균치 등 알고 보면 모호하고 실체 없는 것을 근거로 이어졌다. 소수자는 거기에서 밀려나 동등한 권리를 인정받지 못하는 모든 이를 뜻할 것이다. 그런데 그 경계는 성별이나 국적처럼 거대한 무언가에만 존재할까?

12월 25일 크리스마스는 이제 종교에 상관없는 축제가 되었고, 많은 사람들이 산타 할아버지에 대한 추억을 갖고 있다. 하지만 어릴 적 캐럴과 함께 그 존재를 처음 알게 되었던 나는 크게 실망했다. 산타 할아버지에게 '우는 아이'는 노래 가장 처음에 나올 만큼 나쁜 아이인데, 그 시절 나는 거의 날마다 울었기 때문이다. 늘 그렇듯 내가 어릴 적에도 아이들의 세계에는 어른들은 모르는 일이 많았고, 나는 동네와 학교에서 괴롭힘을 당하고 있었다. 그런데 산타 할아버지마저 내가 나쁜 아이라고 하는 것이었다. 모든 걸 알면서 우는 아이를 나쁜 아이라고 하는 그는 당시 나에게 가장 야속한 존재가 되었고,

그 선물마저 치사하게 느껴졌다. 자존심을 굽히고 싶지 않았던 나는 선물을 준다고 해도 안 받기로 굳게 결심했다. 착한 아이라고 인정받고 선물도 받고 싶은 솔직한 마음을 감추었다.

그런데 시간이 훌쩍 지나 양육자가 된 어느 날, 유치원에 다니던 딸이 집에 오자마자 울음을 터뜨렸다. 우는 아이는 나쁜 아이라서 산타 할아버지가 선물을 안 준다는데, 자기는 이미 많이 울었고 지금도 울고 있으니 선물을 못 받을 거라며 서럽게 우는 것이었다. 그 순간 내 어린 시절이 떠올랐다. 그게 어떤 감정인지 이미 경험했던 나는 아이를 안아 주며 어른들도 슬프면 운다고 말했다. 사람은 슬플 때 울어서 사람이고, 나쁜 어린이는 없다고. 어느새 눈물을 그친 아이에게 〈울면 안 돼〉 말고 〈울어도 돼〉라는 노래도 불러 주었다. 울어도 돼. 울어도 돼. 슬플 때는 실컷 울자. 그럴 때는 우는 거야……. 내 맘대로 만든 노랫말은 어린 딸뿐 아니라 오래전 혼자 울었던 나를 위한 것이기도 했다. 그 뒤로 아이는 그 일을 잊었는지 〈울면 안 돼〉를 신나게 부르기는 하지만, 우는 아이가 나쁜 아이라는 생각을 더는 하지 않는 것 같다.

'나쁜 아이'란 말은 '착한 아이'라는 경계에서 밀려난 어린이의 마음에 큰 상처를 만든다. 이제 막 자라기 시작한 이들은 어른이 말하는 기준이 잘못되었다고 의심하기가 어렵기 때문이다. 이렇듯 사람이 만든 크고 작은 경계는 마음에 상처를 만들 뿐 아니라 누군가의 가치를 짓밟고 삶의 권리를 빼앗기까지 한다. 프랑스 대혁명은 모든 인간에게 자유롭고 평등한 권리가 있다고 선언했지만, 인간이 되기 위한 여러 조건을 내걸며 여성은 물론 수많은 남성을 경계 밖으로 밀어냈다. 동등한 권리를 인정받기 위해 시작된 그들의 투쟁은 곧 소수자의 싸움이라고 할 수 있으며, 대혁명의 가치를 확장하고 평등을 실현하는 과정이 되었다.

경계를 넘는 일은 언제나 변화의 시작이 되었다. 흔히 소수자는 사회적 약자라는 말로 이야기되지만, 그들의 싸움은 다수가 미처 생각하지 못했던 문을 열어 주는 것이다. 그리하여 '소수자'란 '사회적 약자'라는 좁은 해석에 갇히지 않는 '이 사회의 가능성'*이라고 할 수 있다. 자기 삶을 인정받지 못하는 성 소수자, 시민의 기본권을 오랫동안 빼앗긴 장애인, 정치적 주체가 되지 못하는 어린이·청소년뿐만이 아니라, 불완전한 현실을 사는 우리 모두가 알고 보면 어떤 경계에 서 있고 그럴 가능성과 함께한다.

---

* 사와다 도모히로, 『마이너리티 디자인』, 김영현 옮김, 다다서재 2022, 36쪽.

자하 하디드

그러므로 세상에 새겨진 그 많은 선을 지우는 일은 곧 모두가 동등한 곳을 위한 일이 된다. 지금도 계속되는 소수자들의 싸움은 나의 삶으로 이어지는 일이다. 세상은 사람이 만든 경계보다 훨씬 드넓은 곳이기 때문이다. 함민복 시인은 "모든 경계에는 꽃이 핀다"고 썼다. 그 말처럼 사람이 세상에 만든 수많은 선들에는 꽃이 피고 생명이 자라나며 그것을 가리운다. 인류와 함께해 온 수많은 경계는 그렇게 지워졌고 지워질 것이다. 그 자리에는 '모든 사람은 평등하다'는 진실만이 꽃피울 것이다. 소수자로 차별받았던 여성들이 지금 우리에게 기억되고, 새로운 이름이 계속해서 발견되는 것은 그 변화를 증명한다. 그러니 내 삶을 당당하게 살아가자. 평등과 평화를 계속 꿈꾸며 타인의 손을 잡자. 소수자였기에 변화의 시작을 함께한 자하 하디드의 말을 기억하자. 지금 어디에 서 있든 당신은 결국 괜찮을 것이다.

여성 건축가는 언제나 아웃사이더가 된다.
그래도 괜찮다.
나는 가장자리에 서는 걸 좋아하니까.

마리아 레사

(거짓과 증오에서 사실을 지키다)

"

거짓이 퍼뜨린 혐오와 증오로

사실이 의심받는 사이

민주주의가 죽어 간다.

가장 큰 적은 무관심이다.

"

2018년 필리핀, 여러 나라 언론인이 모인 자리에서 젊은 여성 기자가 단상에 섰다. 그는 온라인 탐사 보도 매체 《래플러》의 기자였다. 1992년부터 2018년까지 살해당한 언론인은 여든아홉 명. 언론의 무덤이라는 아시아에서도 필리핀의 악명은 더욱 높았다. 그 속에서 온갖 비난을 받으면서도 해야 할 일을 멈추지 않았던 《래플러》는 수차례 소송을 제기해 온 정부에 출입 금지 철회 진정서를 제출하며 처음으로 먼저 대항을 시작하고 있었다.

"기자라는 직업이 어려운 시대입니다. 하지만 싸우고 있어요. 우리 회사가 자랑스럽습니다. 거대한 권력의 숱한 공격에도 저항을 멈추지 않는 것은 보통 대표로서는 불가능할 것입니다. 마리아, 고맙습니다."

울먹이며 말을 마친 기자에게 박수를 보내는 사람들 사이로 《래플러》의 대표 마리아 레사가 있었다. 자유를 위해 싸운다는 공을 인정받으며 2018년 황금펜상,

마리아 레사

2021년 세계언론자유상과 노벨 평화상 등 수차례 영예를 얻었지만, 정작 필리핀에서 그는 체포와 석방을 반복하는 중이다. 거짓과 폭력에 맞서고 있기 때문이다.

늘 백인 남성에게 집중된다고 비난받는 노벨상에서 마리아는 2021년 유일한 여성이자 언론인으로는 두 번째 노벨 평화상 수상자가 되었다. 그런데 언론인 최초로 노벨상을 받은 독일 기자가 히틀러를 비판하다 수용소에서 삶을 마쳤다는 점, 또 시간이 한참 흘러 2021년 공동 수상자 두 사람이 각각 필리핀과 러시아에서 탄압받고 있다는 점은 의미심장하다. 이는 오늘날 언론의 자유가 80년 전만큼이나 위태롭다는 신호일지도 모른다. 2007년 노무현 대통령은 이렇게 말했다. '민주주의는 상대주의에 기초한다. 다양성을 인정하고 존중하는 관용의 사상이다. 반대자를 이렇게 관용하는 사상은 민주주의뿐이다.' 자유란 다른 생각을 향한 존중에서 나온다. 다만 그 일에는 인내와 함께 절망을 이겨 낼 용기가 필요하다. 민주주의는 한판 승부가 아니기에 때로는 앞으로 나아가는 듯하다가도 때로는 후퇴하는 듯 보이기 때문이다. 언제 끝날지 모를 그 긴 싸움에 스스로 뛰어든 인물, 마리아 레사의 이야기를 함께 따라가 보자.

＊

1963년 필리핀에서 태어나 어머니를 따라 열 살에 미국으로 떠났던 마리아는 민주주의가 봄을 맞이한 1980년대 후반, 다시 고향에서 살아가기로 선택한다. 독재자를 혁명으로 끌어낸 필리핀에서 언론인의 삶을 시작한 그는 1990년대부터 20여 년간 굵직한 사건을 도맡으며 이름을 알렸다. 특히 그는 반정부 테러 집단이 수십 년 전부터 오사마 빈 라덴의 알 카에다와 관계하고 있음을 최초로 밝히며, 동남아시아 테러 조직을 세상에 알리는 데 큰 역할을 해냈다. 그리고 테러 조직에 납치된 직원들을 구하는 협상에 직접 나섰을 만큼 대범했던 마리아는 2012년 또 다른 도전을 시작한다. 앞날이 보장된 언론인의 삶을 뒤로하고 온라인 매체《래플러》를 세운 것이다.

동남아시아 곳곳을 취재하는 동안 마리아는 우리 삶에 깊숙이 들어온 소셜 미디어의 영향력을 실감했다. 30년 넘게 독재 중인 캄보디아 총리의 페이스북 팔로워가 1,000만 명에 달하고, 미얀마의 로힝야족 학살 사건에 페이스북이 영향을 주었다는 분석이 나올 만큼 소셜 미디어는 어느덧 권력과 가까워져 있었다. 문제는 표현의 자유가 권력자와 그 지지자에게만 허락되며, 반대 의견을

마리아 레사

내는 건 감옥행을 각오해야 할 정도로 위험한 일이 됐다는 점이었다. 윤리적 기준과 대처가 미흡한 사이 권력에 대한 견제는 점점 더 어려워져만 갔다. 이 위험을 일찍 간파했던 마리아는 기존 언론의 역할뿐 아니라 소셜 미디어의 자정 활동을 함께 이뤄 낼 새로운 매체가 필요하다고 생각했다. 이것이 《래플러》의 탄생 배경이자 최종 목표였다. rap(말하다)과 ripple(물결을 일으키다)의 합성어를 이름으로 한 《래플러》는 가상 공간에 새 물결을 일으키며 거짓을 타고 퍼지는 혐오와 증오에 브레이크를 걸고자 했다. 이런 마리아와 《래플러》에게 필리핀 대통령 로드리고 두테르테는 연일 저주 같은 말을 쏟아 냈다.

"당신이 죽으면 당신 잘못 때문일 것이오."

대선 줄마 직전, 마리아와의 첫 인터뷰에서 아무렇지 않게 살인을 고백했던 그는 소셜 미디어와 연예인을 등에 업고 큰 지지율을 얻으며 대통령에 당선되었다. 2016년, 그가 대통령이 된 뒤 두 번째 인터뷰에서 마리아는 물었다.

"사회를 이끄는 데 폭력이 왜 필요합니까? 사람들이 당신을 두려워하는 게 중요한 일인가요? 대통령으로서 헌법을 옹호한다는 당신은 동시에 법을 어기고 앞으로 어길 것이라고 협박하고 있습니다. 사람을 죽인 적이 있다고 하면서 법을 지킬 의무가 있다고도 말하죠. 어떻게 그게 동시에 가능한 일입니까?"

"공포가 없는 법은 힘이 없습니다."

소셜 미디어의 영향력을 똑같이 파악하면서도 두 사람은 정반대의 세상을 바라보았다. 그리하여 마리아와 《래플러》를 향한 경고는 점점 거칠어지기만 했다. 마리아는 구형된 형량만 100년이 넘었고, 《래플러》는 언제 폐간될지 알 수 없는 상태로 남아 있었다. 목에 칼이 들어온 듯한 상황이지만 그럼에도 마리아는 멈출 생각이 없었다.

법은 공포와 함께해야 한다는 두테르테 대통령 역시 한결같았다. 그의 대표 정책인 '마약과의 전쟁'은 소셜 미디어에서 엄청난 공감을 받으며 지지율을 높였지만, 그 실상은 제대로 알려지지 않았다. 경찰에 지목된 사람은 정당한 절차 없이 그 자리에서 죽을 수도 있을 만큼 대통령의 명령은 법 위에 존재하는 강력한 권력으로 자리했다. 이런 구조에서 목숨을 건 돈의 거래 등 온갖 부정과 비리가 판을 쳤다. 2018년 인권 단체 조사 결과 마약과의 전쟁으로 사망한 사람은 경찰이 발표한 4,500명과 달리 2만 여 명에 달했는데, 정작 이 전쟁에서 거대 마약상은 모습을 드러내지 않았다. 온갖 폭력을 잔인하게 휘두르는 이 정책은 실질적으로 가난하고 젊은 마약 중독자들만을 대상으로 하면서 도리어 마약을 만들고 유통시키는 범죄 조직은 피해 갔다. 그리하여 마약은 여전히 사라지지 않은 채, 거기서 희생되는 사람들만 늘어 가고 있던 것이다.

이 부조리를 파헤친 마리아와 《래플러》는 바로 그 이유로 엄청난 비난을 받았다. 사실에 바탕을 둔 기사를 공격으로 받아들이는 대통령과 그 지지자들이 쏟아 낸 협박, 성적 괴롭힘, 욕설 등은 상상을 초월할 정도다. 마리아는 개인 경호원을, 《래플러》는 회사 경비원을 늘려야 할 만큼 어느덧 폭력은 가상 공간을 넘어 일상까지 스며들었다. 혐오와 증오를 품은 폭력에는 성찰과 반성이 빠져 있기에 망설임조차 없다. 이 사건들을 통해 마리아는 가상 공간의 감정이 현실에 영향을 미치며 사람들이 생각하는 방식까지 변화시킬 수 있다고 확신하게 되었다.

*

스마트폰이나 컴퓨터만 켰을 뿐 딱히 한 일이 없는데도 훌쩍 시간이 지난 경험이 한 번쯤 있을 것이다. 공부할 때와 전혀 다르게 발휘되는 집중력과 몰입도는 놀라울 정도인데, 어쩌면 우리 뇌는 수동적인 활동을 가장 즐기는 게 아닐까 하는 의문을 갖게 한다. 이처럼 배우고, 깨닫고, 반성할 수 있는 우리 뇌는 동시에 아무 고민 없이 받아들이는 일에도 재능이 있다. 근거 없는 미신과 편견, 거짓말 등이 사라지지 않고 끈질기게 살아남는 이유도 그 때문일지 모른다. 중요하고도 신비로운 이 신체기관 '뇌'는 나에게 가장 큰 아군이면서 나를 위험에 빠뜨리는 적이 되기도 하는 것이다. 그리하여 인간의 양어깨에 각각 천사와 악마가 있다는 비유처럼, 내 생각과 판단을 스스로 반박해야 할 때가 생긴다. 때로는 괴롭기도 한 그 과정은 생각하는 힘을 길러 주고, 스스로를 향한 신뢰를 더해 준다. 후회되는 선택과 경험은 흑역사가 아니라 우리를 성장시키는 오답 노트인 것이다. 하지만 수동적인 자극만 접하면 어느덧 그에 익숙해질 뿐 아니라 더욱 큰 자극을 원하게 되고, 그사이 우리 뇌는 잠재된 힘을 잃고 만다.

마리아에게 욕설을 쏟으며 목숨을 위협한 대통령 지지자들에겐 이런 사고 과정이 빠져 있다. 2017년, 필리핀과 미국의 서로 닮은 두 대통령의 만남을 《래플러》가 기사로 쓰자 두테르테 대통령의 지지자들은 '《래플러》가 필리핀을 북한 핵 미사일의 공격 대상으로 만들었다'는 글을 공유했다. 말도 안 되는 소리지만 생각과 판단이 빠지면 그런 말을 진심으로 여길 수도 있는 것이다. 이것은 결국 중독과 같고, 가짜 뉴스, 혐오 게시물, 음란물 문제가 커지는 것도 그 때문이다. 소셜 미디어의 윤리와 도덕 기준이 미흡하다는 점이 앞으로 더 큰 위험이 될 것이라 예측한 마리아는《래플러》창립 초기 페이스북 대표를 만났지만, 별다른 소득은 얻지 못했다. 그리고 2021년 페이스북은 가짜 뉴스를 방치한다는 내부 고발로 곤욕을 치르기에 이르렀다.

오늘도《래플러》는 현실을 취재하며 기사를 생산할 뿐 아니라 가짜 뉴스가 사람들에게 어떤 영향을 주는지, 거짓을 타고 혐오와 증오가 어떤 식으로 퍼져 나가는지 추적하며 그 작동 원리를 연구하고 있다. 이들이 마리아에 대한 가짜 뉴스를 추적한 결과 스물여섯 개의 가짜 계정이 발견되었고, 서로를 팔로잉하던 그 계정들이 거짓을 퍼뜨리자 순식간에 300만여 개의 다른 계정이 영향을 받기 시작했다. 이렇듯 가짜 계정을 찾아 그것을 폐쇄해 달라고 공식 요청하는 일은 이제《래플러》의 주요 업무 중 하나가 되었다. 소셜 미디어의 영향력은 엄청나지만 그것을 막을 방법이 거의 마련되지 않은 상태에서 사람들은 사실보다 거짓에 더 빨리 반응한다.

2022년 5월, 필리핀 대선에서는 혁명으로 물러났던 독재자의 아들과 전 대통령의 딸이 각각 대통령과 부통령 자리에 올랐다. 독재를 경험한 적 없는 젊은 세대들을 권위주의 정권이 소셜 미디어로 공략하는 데 성공하며, 필리핀의 민주주의는 다시금 중요한 시험을 치르는 중이다. 당선 직후, 아버지의 독재에 관한 내용을 실은 역사 교과서를 폐기하려 한 필리핀 대통령의 모습은 낯설지 않다. 언뜻 우리 현대사가 겹쳐 보이는 이 상황은 시간과 장소에 상관없이 역사는 되풀이될 수 있다는 점을 말해준다. 어렵게 성공한 혁명과 민주주의가 지속되지 못한 이유는 무엇일까? 여러 답변이 가능하겠지만, 혐오와 증오를 낳는 거짓이 힘이 되었다는 사실만은 분명한 것 같다. 생각하길 멈추고 고민하지 않는 순간, 사람들은 조각으로 나뉘어 서로를 미워하고 그 속에서 거짓으로 무장한 권력이 다시 모습을 드러낸다. 이것은 단지 필리핀만의 일이 아니다.

마리아는 미국에서 행한 어느 연설을 통해, 법의 힘이 약한 동남아시아에서 미국이 소셜 미디어를 실험 중이라고 밝혔다. 빠르고 광범위해진 소셜 미디어에서 무슨 일이 일어나는지는 정확히 알기 어렵다. 그것이 국경을 뛰어넘은 지도 이미 오래이기에 한 나라의 일이 언제 다

새로운 길을 만드는 여자들

른 나라로 퍼져 나갈지 또한 알 수 없게 되었다. 강력한 자본주의로 서로 복잡하게 얽힌 세상에서 우리도 예외가 아니다. 그러는 사이 생각하길 멈추게 하고, 혐오와 증오를 퍼뜨리며, 중독의 늪으로 이끄는 거짓은 가상 공간을 누비며 권력에 악용될 위험한 힘을 얻었다. 그것을 방치한다면 폭력은 폭력이 아닌 듯 다가와 우리를 위협할 것이다. 그 거대한 물결을 홀로 피하는 것은 어느덧 불가능한 일이 되었다. 마리아의 싸움은 곧 우리 모두의 자유와 권리를 위한 싸움이다.

＊

아니 땐 굴뚝에 연기 날까? 이유가 있으니 결과도 있고, 어떤 일이든 그럴 만해서 일어난다는 이 옛말에는 치명적인 위험이 존재한다. 아궁이에서 불을 때면 거기서 연결된 굴뚝으로 연기가 퍼져 나온다. 아궁이는 원인이요 연기 나는 굴뚝은 결과인 것이다. 그런데 우리 눈에는 대부분 연기와 굴뚝이 가장 먼저 보이므로, 결과를 확인한 뒤 그 원인을 짐작하게 된다. 그 짐작이 옳다고 어떻게 확신할 수 있을까? 먼 거리 등 여러 이유로 우리가 착각하여 엉뚱한 곳을 지목했다면? 그곳이 아니라 그 가까이에

169

서 누군가 불을 피운 것이라면? 또는 아무도 모르게 떨어져 나간 불씨가 화재로 번지는 중이라면? 이렇듯 뚜렷한 근거나 사실 확인이 빠진 채 그저 짐작으로 쉽게 결론 내리는 일은 숱한 피해자를 만들기 십상이다.

중세 유럽에서는 수백 년 동안 헤아릴 수 없이 많은 여성이 마녀라는 이유로 죽음을 맞았다. 그들이 죽으면 재산이 몰수되었기에 남편 없는 부유한 여성들은 누구보다 자주 마녀로 몰렸다. 1519년, 조선의 4대 사화 중 하나인 기묘사화는 벌레 먹은 나뭇잎에서 시작되었다. '주초위왕'走肖爲王 즉 조 씨가 왕이 된다는 말에 왕실이 발칵 뒤집히며 조광조와 젊은 선비들이 세상을 떠났다. 일제 강점기, 관동 대지진이 일어나며 혼란에 빠진 일본에서는 우물에 독약을 탔다는 헛소문으로 많은 조선인이 억울하게 죽임을 당했다. 1922년, 이집트 투탕카멘의 무덤 발굴에서 여러 사람이 저주로 죽었다는 이야기는 짧은 삶을 마친 어린 왕을 세상에서 가장 유명한 파라오로 만들었다.

많은 사람을 죽음으로 몰고 가거나 어떤 일화가 더해지는 과정에는 많은 순간 근거 없는 연기 즉 거짓말이 함께한다. 의도가 어떻든 거의 늘 사실보다 빠르게 퍼지는 거짓말은 한번 세상에 나오면 완전히 사라지기 어렵다.

오늘날에는 소셜 미디어를 타고 더욱 빠르고 광범위하게 퍼지며, 때로는 사실인 척 뉴스가 되기도 한다. 그리하여 현재 '가짜 뉴스'라 불리는 거짓에는 권력이 실리는 중이다. 문제는 그 대부분이 혐오와 증오를 함께 전한다는 점이다. 이런 가짜 뉴스의 위험을 깨달은 사람들은 그에 대해 연구하기 시작했다. 그중 간단한 분류법을 살펴보자.

1. 오류 정보: 우연과 상황으로 만들어진 거짓말
2. 가짜 정보: 악의를 갖고 특정한 사람들과 집단을 깎아내리기 위한 거짓말
3. 위해 정보: 누군가에게 해를 입힐 목적으로 사실을 왜곡해 퍼뜨리는 거짓말

이 분류에 따르면 투탕카멘의 저주는 오류 정보라 할 수 있고, 관동 대지진의 우물 독 사건은 조선인들을 향한 악의적인 가짜 정보가 될 것이며, '주초위왕'은 조광조에게 해를 입힐 위해 정보가 된다. 한편 마녀사냥은 특정 집단 또는 특정 개인을 노렸다는 점에서 가짜 정보와 위해 정보에 모두 속할 수 있다.

그런데 '주초위왕' 일화는 훗날 조광조를 안타깝게 여긴 이들이 덧붙인 것이라는 설도 있다. 이 일이 정말로

마리아 레사

있었다는 뚜렷한 근거도 없다. 어쩌면 벌레 먹은 나뭇잎을 보고 놀란 왕실처럼, 우리 역시 뚜렷한 근거 없는 일화를 안타깝게 여기는 것일지 모른다. 그렇게 본다면 이 일화는 허위 정보뿐 아니라 오류 정보에 속할 것이다.

이렇듯 가짜 뉴스는 그 유형을 아주 엄격하게 나누기는 어려우면서도 모두 거짓에서 시작된다는 공통점이 있다. 또한 허위 정보와 유해 정보처럼 누군가에게 악의를 품은 거짓의 바탕에는 불안과 두려움이 자리한다. 마녀사냥과 관동 대지진 사건은 모두 오랜 전쟁과 자연재해 등 불안한 사회를 배경으로 일어났다. 조광조의 개혁은 기존 권력자들에게 자기 이권을 잃을지 모른다는 두려움을 주었다. 역사를 살펴보면 사회가 불안정할수록 사람들은 약자가 되는 이들에게 폭력적으로 변하곤 했다. 두려움과 불안의 실체를 파헤치는 대신 만만한 존재에게 화풀이나 악의적인 모함을 하는 것이다. 그 과정에는 늘 이익을 보는 누군가가 있었다.

언론도 마찬가지다. 흔히 신문은 사실을 전하는 매체로 여겨지지만, 그 발전 과정에는 더 많은 돈을 위해 또는 권력의 위협 때문에 자극적인 거짓말을 아무렇지 않게 내보내던 시절이 있었다. 새로운 언론은 어느 쪽에도 치우치지 않으며 최대한 공정하겠다는 원칙에서 탄생했으며, 그 과정은 민주주의와도 떼놓을 수 없다. 그럼에도 완벽하게 공정한 사실, 완전무결한 진실을 찾기란 여전히 어려운 일이다. 자기 경험을 근거로 생각과 판단을 하는 우리는 어느 쪽으로든 기울어 있기 때문이다. 다만 그 차이를 인정할 때 자유가 보장되며 그 속에서 민주주의가 함께 발전한다는 것만은 확실하다. 민주주의에서 다양성은 빼놓을 수 없는 부분이고, 다양성은 자유에서 시작되기 때문이다.

✳

기술의 발전으로 우리는 기존 언론이 비추지 못하는 생생한 현실을 접하게 되었다. 쿠데타로 짓밟히면서도 민주화 운동이 이어지는 미얀마, 러시아의 침공에 맞서는 우크라이나, 탈레반이 다시 득세하자 여성들의 자유를 위한 싸움이 일고 있는 아프가니스탄 등 새로운 미디어를 통해 전파되는 실상은 새로운 연대의 힘이 되는 중이다. 그럼에도 소셜 미디어에 침투한 권력은 표현의 자유를 억압하고, 진실을 가리며, 그 연대를 끊으려 한다. 자극적이고 단순한 것에 눈을 돌리게 하며 생각하길 멈추게 하려한다. 그 과정에서 가짜 뉴스는 거짓과 함께 혐오와 증오

마리아 레사

를 퍼뜨린다. 이 악순환에서 자유와 권리를 지키는 일은 우리 시대의 새로운 싸움이 되고 있다. 물론 그 일에는 국가와 기업의 노력이 필요하다. 변화한 시대를 준비하면서도 자유를 침해하지 않는 날카롭고 예민한 법이 마련되고, 그동안 자주 무시되던 기업의 윤리가 지켜져야 할 것이다. 그렇다면 개인으로서 우리는 어떻게 저항할 수 있을까?

소리는 공기를 타고 전해진다. 그러니 공기가 없는 곳에서 소리는 퍼질 수 없다. 가짜 뉴스도 마찬가지다. 모두가 그것을 거부한다면 가짜 뉴스는 힘을 잃을 것이다. 생각과 판단이 빠진, 근거 없고 악의적인 가짜 뉴스를 소비하고 전달하는 사람이 없다면 그 뉴스는 결국 사라질 수밖에 없다. 여기서 우리는 거대한 벽 앞에 선 작은 개인이 아니라 사실을 지켜 내는 중요한 존재가 된다. 내가 소비하고 전하는 정보가 진실인지 따져 보며, 거짓이라면 반성하고 되풀이하지 않는 책임감 있는 태도는 다시금 우리의 자유와 권리로 향하는 것이다.

기술의 발전으로 어느덧 세상은 방대한 정보로 채워졌다. 우리가 소비하는 데이터의 측정 기준처럼 그 과정에는 늘 정보의 질보다 양이 먼저였다. 이제는 옥석을 가릴 차례다. 아니 땐 굴뚝에 연기가 나겠느냐고 하기 전에 먼저 그것이 정말 연기가 맞는지, 어느 굴뚝에서 나오는지, 그 아궁이에서 무슨 일이 벌어지는지 등등 정보의 질을 검증할 때가 된 것이다. 아니면 말고 하는 식의 자극적인 정보를 거부할 때 거짓은 힘을 잃고, 불안과 두려움에서 생겨난 혐오와 증오도 당신을 전염시킬 수 없다.

마리아 레사는 지금 우리 앞에서 수많은 상처로 죽어가는 민주주의를 위해 힘을 모으자고 말한다. 사실을 지키고 민주주의를 지켜 낼 수 있을 것이라고 그는 확신한다. 이제 그 싸움은 국경에 상관없는 일이 되었다. 서로 힘을 모은 우리의 말과 글이 가장 크고 결정적인 힘으로 나아갈 것이다. 오래전 인류는 그런 사실을 알고 있었다. 그리하여 이 땅에는 이 시대 새로운 싸움을 위한 옛말이 이미 존재한다. '여러 사람의 말은 쇠를 녹인다.' 함께한다면, 무쇠 같은 권력과 거짓을 이겨 낼 수 있다. 광장뿐 아니라 드넓은 가상의 공간에서도 마찬가지다.

괴물과 싸우기 위해 괴물이 되어서는 안 된다.
우리는 계속 빛을 비추어야 한다.
두려워하지 않는다면 가능한 일이다.

말랄라 유사프자이

(차별당하는 사람들의 이름을 부르다)

"

세상의 모든 여자아이들에게는
자기만의 이름이 존재한다.

"

영국의 유명한 탐정 셜록 홈즈에게는 존 왓슨이라는 단짝이 있다. 두 사람은 군의관이었던 존 왓슨이 부상으로 갑자기 제대하며 만나게 되는데, 그가 참전한 곳이 바로 아프가니스탄이었다.

1839년, 파키스탄과 인도를 식민지 삼은 영국이 아프가니스탄의 최고 권력자를 강제로 교체하며 막이 오른 전쟁은 80년 동안 세 번에 걸쳐 치러졌다. 아프가니스탄은 오래전 동서양을 잇는 실크로드의 주요 길목이 되어 경제적으로도 문화적으로도 풍요로운 나라였지만, 어느덧 그 흔적을 찾기 어려울 만큼 정치적 혼란과 부패, 폭력으로 황폐해지고 있었다. 그러던 1880년 마이완드 전투 뒤로 한 여성의 이름이 전설처럼 퍼지기 시작했다. '이곳에서 싸우다 쓰러지는 대신 그저 살아남는다면 우리의 이름은 부끄러움으로 기억될 것'이라며 맨 앞에서 싸움을 이끌다 전사한 여성, 바로 마이완드의 말랄라이였다. 그날을 기록한 공식 문건에는 남성들의 이름만이 가득하기에 그 이름은 영국에서 거의 알려지지 않았다. 그러나 아프가니스탄 사람들은 자신을 희생해 전투를 승리로 이끈 말랄라이를 여전히 기억한다. 오늘날 아프가니스탄의 병원과 학교, 특히 여자아이들을 위한 학교는 물론 여성들을 위한 잡지에서 그 이름을 볼 수 있으며, '말랄라이'라는 이름을 여자아이들에게 붙여주는 경우도 심심치 않다.

하지만 전쟁과 내전은 그 뒤로도 끝나지 않았을 뿐아니라 극단주의자들이 등장하며 서아시아의 여성과 어린이에게는 더 큰 위험이 닥쳤다. 여성을 차별하는 뿌리 깊은 전통에 더해진 극단적인 억압은 특히 성장 중인 어린 여성의 삶을 더욱 옥죄어 왔다. 파키스탄의 말랄라 유사프자이는 바로 그 속에서 여자아이들의 배울 권리와 평등을 함께 외쳤다. 폭력의 위협에도 늘 당당했던 열다섯 살의 말랄라는 2012년 그를 두려워하는 어른들의 총에 쓰러지고 말았지만, '마이완드의 말랄라이'가 남긴 의지를 잇는 듯 기적처럼 살아나 세상을 변화시키고 있다.

말랄라는 십 대 시절 자신의 이름을 딴 재단을 설립하며 여자아이들의 권리를 위한 싸움에 본격적으로 뛰어들었고, 2014년 열일곱 살 나이에 노벨 평화상을 수상하면서 역대 최연소 노벨상 수상자가 되었다. 이제 자신을 둘러싼 많은 것이 달라졌지만, 그는 여전히 어른들의 폭력에 쓰러졌던 어린 시절을 기억한다. 죽음에 가까운 비극 속에서도 타인과 함께하며 상처를 껴안은 그는 극악무도한 폭력을 저지른 자들을 용서하지 않으면서도 자신의 삶을 평화로 이끌고 있다. 망각과 타협이 없는 그 길에는 진정한 평등을 위한 총성 없는 전쟁이 계속되는 중이다. 어린 시절은 어른이 되어 사라지는 과거가 아니라 한 사람의 삶 내내 함께한다는 것을, 이러한 사실을 깨달을 때 세상이 어디로 향할 수 있는지를 말랄라는 증명해 내고 있다.

*

1997년 파키스탄 스와트(아프가니스탄과 국경을 맞댄 파키스탄 북부 지역)에서 말랄라가 태어났을 때 사람들은 아버지에게 축하 인사를 생략하고 어머니를 위로했다. 하지만 딸의 탄생을 축복하지 않는 세상과 달리 아버지는 큰 기쁨을 감추지 않았으며, 친구들을 불러 아들이 태어날 때처럼 아기 침대로 말린 과일을 던졌다. 또한 집안 어른들의 반대에도 '마이완드의 말랄라이'를 따라 아이의 이름을 짓고, 아들만 족보에 올리는 관습을 무시한 채 딸의 이름을 써 넣어 친척들을 놀라게 했다. 여자는 남자와 동등하지 않다고 믿는 세상에서 서로를 존중하고 사랑하며 평등과 평화를 꿈꾸었던 말랄라의 부모님은 어린 딸의 삶에 새로운 씨앗을 뿌렸다. 이는 시대의 한계 속에서도 개인의 노력이 어떤 식으로 새로운 가능성을 만들어 내는지를 보여 주는 좋은 예가 된다. 누구도 세상을 한번에 바꿀 수는 없지만, 세상이 바뀌는 일은 언제나 개인에게서 출발하기 때문이다.

파키스탄의 앞날을 늘 걱정했던 부모님은 미래를 위해 아이들을 교육해야 한다고 뜻을 모았다. 여자아이는 배울 필요가 없다는 세상이었지만, 두 사람의 설득으로 아버지의 학교에서는 그 어디서보다 많은 여자아이가 배울 권리를 누릴 수 있었다. 가난한 아이들에게는 학비를 받지 않으며 배움을 이어가도록 도왔던 부모님은 타 종교를 향한 억압에 반대하며 평등과 평화를 늘 이야기했다. 이런 뜻은 현실에서 어렵게 펼쳐졌기에 집안 형편은 넉넉하지 않았지만 가정은 화목했고, 그러는 사이 말랄라는 자연스럽게 세상에 대해 알아 가고 있었다. 어느덧 그에게 사람은 성별에 상관없이 서로 대화하고 배워야 하는 존재가, 세상의 불평등과 차별은 모두가 힘을 모아 하나씩 없애야 하는 것이 되어 갔다.

우리는 모두 독립적인 존재인 동시에 사회적 동물이기에 그 삶의 범위도 늘 개인을 벗어난다. 그리하여 나와 우리 집을 돌보며 세상을 가꾸는 일은 곧 나와 타인의 행복을 보장하는 일이 된다. 그렇게 우리는 내 삶과 함께 세상을 가꾸고 돌볼 책임과 의무를 지는 것이다. 말랄라의 가족이 평등과 평화를 위해 노력한 것도 이런 이유에서다. 그러나 복잡하게 이어진 오랜 역사와 불안정한 세계 정세는 그 삶을 위협하고 있었다.

서아시아와 서방 나라의 관계는 복잡하기 그지없다. 오래전 영국과 전쟁을 치른 아프가니스탄은 뒤이어 소련과 전쟁을 벌였다. 여기에 미국이 가장 적극적으로 힘을 보탰는데, 훗날 미군에 사살된 오사마 빈 라덴이 이 전쟁에서는 같은 편으로 함께 싸웠다. 그러다 다시 급속도로 바뀐 세계 정세에서 미국은 아프가니스탄을 적으로 규정하고 전쟁을 일으켰다. 어제의 동맹이 오늘은 적이 되는 전쟁의 참혹한 피해는, 소련과 미국의 대립으로 한반도에서 전쟁이 일어났을 때처럼 고스란히 그 땅의 사람들에게 돌아갔다. 특히 2001년 미국 세계무역센터 테러와 2005년 서아시아 역사상 최악의 지진으로 파키스탄에 큰 혼란이 찾아오면서 말랄라의 삶엔 더욱 짙은 어둠이

말랄라 유사프자이

내려앉고 있었다. 세력을 넓힌 무장 단체 탈레반이 폭력을 휘두르며 여성에 대한 거센 탄압을 시작했던 것이다.

테러에 대한 서방 세계의 제재와 지진 피해에도 정부가 제 역할을 하지 않는 동안 파키스탄에서는 큰 도움이 되었던 구호 활동마저 대폭 줄어들었다. 게다가 구호 단체를 향한 위협까지 늘어나면서 어느덧 구호 자체가 끊기게 되자 사람들의 고통은 더욱 커져 갔다. 그사이 가난한 이들을 위한 무상 교육과 구호 활동을 벌이며 신뢰를 얻은 탈레반은 세력이 넓어지자 극단적이고 왜곡된 믿음을 내세우고 사람들을 억압하기 시작했다. 특히 여성에 대한 위협은 더욱 극심했다. 여자가 홀로 걷는 것조차 막았을 만큼 여성의 모든 활동을 금지했고, 수많은 학교를 폭파시켰으며, 때로는 목숨까지 빼앗았다. 여자아이들의 교육을 적극적으로 주장하는 말랄라의 아버지 학교도 그 대상이 되었는데, 그럼에도 아버지는 뜻을 굽히지 않았다.

말랄라도 같았다. '어린이에게는 말할 권리가 있다'는 부모님과 대등하게 대화하며 자기 생각을 키워 온 그에게 탈레반의 말과 행동은 상식과 이치에 맞지 않는 폭력에 불과했다. 그리하여 말랄라는 탈레반을 비판하는 목소리를 내기 시작했고, 그 목소리는 점차 세상에 퍼져 갔다. 탈레반의 위협으로 움츠렸던 사람들이 어린 소녀의 말에 소리 없는 지지를 보냈으며, 폭력과 위협이 거세질수록 그 목소리도 함께 높아졌다. 탈레반이 여자아이의 교육을 금지하고 여학교를 폭파시키자 '모든 사람에게는 배울 권리가 있다. 그런데 무슨 권한으로 나의 기본권을 침해하느냐?'고 되물었던 말랄라는, 폭력으로 세상을 파괴하는 탈레반이 이슬람교를 왜곡하고 있다며 더욱 거센 비판을 이어 갔다. 이런 말랄라의 목소리는 어느덧 국경을 넘어 다른 나라에까지 이르렀다. 특히 말랄라가 영국 BBC의 요청으로 쓰게 된 「어느 파키스탄 소녀의 일기」는 탈레반에 억압당하는 파키스탄과 저항을 멈추지 않는 사람들을 전 세계에 알리는 중요한 계기가 되었다. 말랄라는 물론 다른 이들의 말과 글이 세간의 비판으로 이어지자 당황한 탈레반은 조금씩 억압을 풀기도 했다. 사실상 종교는 구실에 불과했을 뿐 그들은 상황에 따라 권력을 악용하며 폭력을 휘둘러 왔던 것이다.

이렇듯 거침없는 비판으로 탈레반에 맞선 말랄라였지만, 집에 돌아와서는 홀로 우는 일도 많았다. 폭력의 위협에도 늘 씩씩하고 당찬 여자아이의 모습 뒤에는 두려움과 불안을 느낄 줄 아는 한 인간의 모습도 있었기 때문이다. 이제 탈레반은 말랄라를 가장 큰 적 가운데 하나로 여기며 공개적으로 비난해 왔고, 언제나 딸을 지지

하던 아버지마저 걱정할 지경이 되었다. 그러나 말랄라는 아버지의 신념을 환기하는 것으로 대답을 대신했다. '우리가 죽음을 맞더라도 우리의 목소리는 사라지지 않고 퍼져 갈 것입니다.'

말랄라가 열다섯 살이 된 어느 날, 탈레반은 버스 안까지 따라와 그에게 총을 겨눴다. 손에 책을 들고 있던 그는 '말랄라가 누구냐'고 묻는 차가운 목소리에 대답하는 순간 피투성이가 되어 쓰러지고 말았다. 그 순간의 기억을 거의 잃은 채 눈을 뜬 곳은 영국의 어느 병원이었고, 기적같이 회복한 뒤에도 그는 오랫동안 고향에 돌아갈 수 없었다. '말랄라에게는 죽음만이 기다릴 것'이라며 탈레반이 위협을 멈추지 않았기 때문이다.

낯선 땅에서 고향을 그리워하면서도 말랄라는 배움을 이어 가며 삶을 고민했고, 파키스탄에서 시작한 싸움을 새로이 시작했다. 노벨 평화상을 비롯해 수많은 상에 이름을 올리며 세상의 주목을 받게 된 그는 어느덧 스무 살이 훌쩍 넘는 성인이 되어, 스스로 얻은 많은 것을 어린이·청소년을 위한 싸움에 고스란히 쏟는 중이다. 차별에 맞선 싸움은 언제나 뜨거운 흔적을 남기며 후대로 이어지기 마련이다. 오래전 고향을 침략한 이들에 맞섰던 '마이완드의 말랄라이'는 역사에 잠들었지만, 그의 의지는 사라지지 않고 남아 새로운 싸움의 바탕이 된 것처럼.

　2018년, 말랄라는 꿈에 그리던 고향 땅을 밟았다. 하지만 기다린 시간에 비해 턱없이 짧았던 방문 뒤로 탈레반이 다시 권력을 잡으면서 고향은 이전처럼 닿을 수 없는 곳이 되었다. 그럼에도 그는 실망하는 대신 고향으로 돌아갈 날을 기다린다. 죽음의 길목에서 살아온 그는 갈 수 없으리라 여겼던 고향 땅을 결국 다시 밟았다. 기적 같은 삶은 말랄라에게, 그것이 평등과 평화에 대한 일이라면 무엇을 꿈꾸든 결국 이뤄질 것이라고 믿게 만들었다. 탈레반의 위협이 더욱 거세졌을 때 지금이야말로 평화를 더 많이 이야기해야 한다고 했던 청소년은 이제 어른이 되었지만, 모든 어린이·청소년이 차별받지 않는 세상을 여전히 꿈꾼다. 한 권의 책과 연필 한 자루, 어린이 한 사람과 선생님 한 명이 세상을 바꿀 수 있다는 믿음을 간직하며 긴 싸움에 뛰어든 말랄라 유사프자이. 그가 가는 길에는, 모든 여자아이에겐 배울 권리가 있다며 그 삶과 권리에 당당했던 어린 시절의 말랄라가 늘 함께한다.

＊

표준국어대사전에서는 '차별'을 "둘 이상의 대상을 각각 등급이나 수준 따위의 차이를 두어 구별함."이라고 풀이한다. 쉽게 말해 차별이란 어떤 대상을 다른 대상에 견주어 좋다거나 낮다거나 나쁘다거나 떨어진다고 평가하는 일인 것이다. 이러한 차별의 역사는 길고 복잡하다. 그러나 어느 때고 그것은 폭력과 함께하며 아래로만 흘렀기에 늘 사회의 약자를 타깃으로 삼았다. 그중 어린이·청소년을 향한 차별은 지금도 긴 역사를 이어 가는 중이다. 이들이 역사에 모습을 드러낸 것은 그리 오래되지 않았다. 어린이·청소년과 늘 함께하면서도 인류는 근대에 들어서야 비로소 그들을 발견했기 때문이다.

전쟁은 그런 약자를 가려내는 가장 잔인한 리트머스 시험지다.* 그리하여 두 번의 세계 대전으로 처참한 폭력을 경험한 사람들은 인권 보호의 필요성에 절실히 공감하며 1948년 「세계 인권 선언」을 채택했다. 비극을 되풀이하지 않기 위해 모두가 지켜야 할 윤리 기준을 함께 세운 결과였다. 그런데 전쟁의 가장 큰 피해자였던 어린이·청소년의 권리를 위한 합의는 더딘 과정으로 이어졌다. 세상은 그들을 덜 자란, 부족하고 미숙한 존재로 대했기에

---

* 이광재 세이브더칠드런코리아 인도적지원팀장 인터뷰 「우크라 전쟁의 최대 피해자는 아동입니다」, 『주간경향』 1469호, 27쪽.

「세계 인권 선언」에서도 사실상 어린이·청소년은 배제되었다. 이런 문제점을 보완하기까지는 다시 시간이 필요했고, 어린이·청소년을 동등한 주체로 공식 인정한 것은 1959년 「아동 권리 선언」이 처음이었다. 하지만 그 권리가 현실에서 실현될 힘을 갖게 된 것은 다시 30여 년이 지난 1990년 '아동권리협약'이 채택된 뒤부터다. 1789년 인간과 시민에 대한 불완전하지만 최초의 권리 선언이 있은 뒤 200년이 지나서야 어린이·청소년은 비로소 동등한 인격체로 인정된 것이다.

이런 '아동권리협약'의 시작에는 에글렌타인 젭이라는 여성이 자리한다. 영국의 부유한 집안에서 자라난 젭은 대학에서 공부하며 선생님을 꿈꾸었다. 그러다 제1차 세계 대전 직후인 1919년 연합국이 패전국 오스트리아를 봉쇄하며 그곳 아이들이 굶어 죽기 시작하자, 젭은 구호 기구를 만들어 그들을 돌보기 시작했다. 그리고 구호 활동 중에 어린이·청소년의 권리와 보호를 위한 다섯 가지 원칙을 스스로 작성한 뒤 세상에 발표하기도 했는데, 이것이 훗날 '아동권리협약'으로 이어진 「아동 권리 선언」이다. 당시 사회와 구호 활동의 관계를 연구한 젭은 사회 운동가이자 학자로서, 아이들의 배고픔을 채워 주는 데서 나아가 아이들의 권리에 처음으로 주목한 선구자였다.

이런 변화의 역사에서 말랄라 유사프자이는 더욱 의미 있는 지점이 되었다. 자기 삶의 권리를 포기하지 않는다는 이유로 탈레반은 그에게 총을 겨누었다. 우리는 모두 똑같은 존재이기에 다른 사람의 권리를 빼앗거나 침해할 수 없다는 말의 힘을 두려워했기 때문이다. 모든 사람에게는 동등한 권리가 있다고 믿는 말랄라 유사프자이는 뿐만 아니라 그 스스로가 제 삶의 권리를 지켜야 하고, 그럴 수 있다고 믿었다. 그리하여 모든 어린이·청소년은 보호받아야 하지만 그것은 불완전한 세상의 폭력 때문일 뿐 어린이·청소년은 동등한 권리를 가진 삶의 주체라고 선언했다. 세상의 모든 사람은 똑같은 권리를 가질 뿐 아니라 그것을 지킬 힘을 잠재하고 있다는 그의 말은 긴 역사에서 소수의 사람들이 독점했던 비밀과 같았다.

오랫동안 세상은 특정한 누군가에게 '당신은 이 권리를 지닐 힘도, 능력도, 가치도 없기에 열등하고 미성숙하고 불완전한 존재'라고 말하며 차별을 정당화했다. 그리고 이 말은 듣는 이들로 하여금 스스로의 가치와 잠재력을 믿지 못하게 하는 강력한 주문이 되었다. 태초부터 존재했지만 사회적 존재로 인정받지 못한 어린이·청소년은 여전히 그 그늘에 놓여 있다. '애들은 가라!'라는 오래된 농담에서부터 청소년 참정권 확대를 둘러싼 정치적인 이

슈까지, 이들은 지금도 사소하고 거대한 차별과 함께하는 중이다.

그런 현실에서 말랄라 유사프자이는 스스로의 권리를 깨달았을 뿐 아니라 그것을 세상에 선언한 어린이·청소년이 되었다. 어느 때고 혁명은 불온하다 여겨지는 새로운 생각에서 시작되었으며, 그 의지를 이어 간 것은 거의 늘 어리고 젊은 사람들이었다. 세상을 유지하는 것은 나이 많은 사람들이지만, 그것을 변화시키고 나아가게 만드는 일은 덜 자라고, 부족하고, 세상 물정 모르는 철부지라 여겨지는 존재들로 가능했던 것이다. 그중 오랫동안 어른들에게 억압받거나 발견되는 존재였던 어린이·청소년 스스로가 제 삶의 권리를 선언하고 그것을 위한 싸움을 시작했다는 사실은 변화를 보여 주는 확실한 증거가 된다. 세상의 결함과 진보를 동시에 보여 주는 말랄라 유사프자이는 그 자신이 거대한 꿈을 실현하는 가능성이 되어 새로운 길을 만들고 있다.

무엇보다 청소년 시절 죽음의 위협에서 간신히 벗어난 그가 차별로 고통받는 어린이·청소년과 함께하며 그 싸움을 이어 가는 것은 더욱 의미심장하다. 여전히 불완전하지만 앞으로 나아가는 세상의 혼란 속에서 우리는, 한 개인의 꿈과 소망이 어떻게 거대한 물결을 일으키는지

새로운 길을 만드는 여자들

이 순간을 함께 살아가며 목격하는 중이다. 그 긴 물결이 우리와 만나 또 어떤 새로운 가능성을 만들어 낼지, 그것이 어떤 시작이 될지는 누구도 단정할 수 없다. 그 모든 일의 시작에는 어리다는 이유로 같은 사람이 되지 못하는 세상에서도, 치열하게 모두의 삶을 고민하며 거대한 차별의 벽을 넘으려 했던 어린 시절의 그 자신이 자리한다. 말랄라 유사프자이의 싸움은 그것을 시작한 어린 여자아이와 지금도 함께하는 중이다. 그 존재를 잊지 않았기에 그는 타인과 함께하며 새로운 세상으로 향할 수 있었다.

그날의 이야기를 다시 하고 싶지 않았지만, 거기서 시작되는 새로운 빛을 위해 그는 자신의 아픔을 기꺼이 나누기로 했다. 전 세계에서 이어진 응원을 받아들이며 고통을 겪는 또 다른 어린이·청소년을 비추기로 결심했다. 그리하여 아픈 상처와 쓰디쓴 경험은 타인과 함께하는 동안 새로운 가능성이 되어 세상을 구하고, 그 자신을 치유하고 있다. 이 과정은 우리에게 한 사람의 성장에 꼭 필요한 두 가지, 그 자신의 인내와 용기뿐 아니라 그를 둘러싼 세상의 변치 않는 지지와 사랑을 보여 준다. 잔인한 폭력을 연달아 겪으면서도, 자신의 노력과 타인들의 지지가 함께했기에 그의 어린 시절은 그저 아픈 과거로만 남지 않았다. 어른들의 눈이 닿지 않는 세상의 낮은 곳을 누구보다 날카로운 눈으로 바라보며 차별을 발견하고, 고통받는 이들과 함께하려 했던 여자아이는 이제 말랄라 유사프자이의 가장 큰 지지자이자 동반자가 되었다.

✳

개구리가 올챙이 시절을 떠올리지 못한다는 말은 무시받는 올챙이에게서 나왔을지 모른다. 누구나 어린이·청소년이었지만 모두가 그들을 기억하는 것은 아니기 때문이다. 우리는 자라서 어른이 된다고 배울 뿐 어린 시절을 어떻게 기억해야 하는지는 배우지 못한다. 그리하여 성장은 한 방향으로만 이어지는 것으로, 어린이·청소년은 성인이 되기 전의 미숙하고 불완전한 시기로 착각하는 함정에 빠지기 쉽다. 하지만 어린이·청소년은 어른이 되어 사라지는 존재가 아니다. 벌거벗은 임금님의 진짜 모습을 솔직하게 말할 수 있는 그들은 사는 동안 현재의 나와 늘 함께한다. 그리하여 삶은 하나의 트랙을 달리며 어린이·청소년을 지나 어른이 되어 결승선에 다다르는 경주가 아니라, 의미 있는 순간마다 새로운 트랙이 더해지며 그 모두가 나란히 함께하는 일이 된다. 나무의 나이테처럼 더해지는 성장의 의미를 이해하고 받아들일 때, 비로소 세상은 저마다 다른 크고 작은 나무들이 함께하는 아름다운 숲을 이룰지 모른다. 그 속에 함께하는 우리는 모두 똑같은 가치를 지닌 평등한 존재가 된다.

수많은 잣대와 그에 따른 평가가 삶의 큰 비중을 차지하는 청소년에게 이런 말은 쉽게 와닿지 않을 것 같다. 어린이·청소년을 동등한 시민으로 인정하는 대신 '나라의 미래' 같은 추상적인 말에 가두거나 그저 고민 없이 살아가는, 사회에 무임승차하는 존재로 취급하며 때로는 조롱과 비하를 유머와 농담처럼 건네는 세상에서 그들이 자신을 긍정하기란 결코 쉬운 일이 아니다. 어느덧 사십대가 된 나의 그 시절과 지금은 너무도 다르기에, 같은 시기를 경험했다는 것 외에 공통점을 찾기 힘든 나의 말이 위로가 되기 어려울 것도 알고 있다. 그럼에도 분명한 것은 당신의 삶과 가치가 어떤 기준으로 인해 때로는 좌절하더라도 그것이 그저 당신의 문제로 축소될 것은 아니라는 사실이다. 한 사람의 성장은 개인과 사회가 나란히 함께하는 것이며 시간이 필요하기 때문이다.

사람은 모두 평등한 존재이고, 당신에게는 그 삶의 가치와 권리를 지킬 힘이 잠재하고 있다. 다만 그 사실이 지금 부딪힌 문제를 해결하는 데 도움이 되지 못하여 때로는 분노할 것이며, 좌절하여 패배감을 맛보기도 할 것이다. 그럴 때는 내 삶에서 잠시 떨어져 사람들이 지나온 긴 역사를 돌아보길 권한다. 차별받았던 수많은 사람이 그 거대한 길에 남긴 흔적을 되짚어 보길 바란다. 그들이 무엇을 꿈꾸었고, 어떤 말을 외쳤으며, 그리하여 세상에 어떻게 새로운 길이 만들어졌는지 당신의 삶에 그 기억을 불러내면 좋겠다. 무엇보다 지금 이 순간 나를 기쁘게 하는 것은 무엇인지, 두렵게 하고 슬프게 하는 것은 또 무엇인지, 내가 바라는 것은 결국 무엇인지 있는 그대로의 당신을 바라보면 좋겠다.

그러는 동안 시간이 흐르며 또 다른 내가 하나둘 더해질 것이다. 모두에게 공평한 시간은 지금 이 순간을 과거로 만들고, 그리하여 이 순간의 당신도 정말 있었던 것인지 기억나지 않을 만큼 희미해지기도 할 것이다. 하지만 나를, 사람을, 세상을 고민하는 지금의 당신은 사라지지 않는다. 앞으로 이어지는 그 삶에서 함께 힘껏 달릴 것이다. 그리하여 생각하지 못했던 순간에 서로를 마주하게 될 것이다. 어른이 된 나와 지금의 내가 손잡는 그때, 오래전 하지 못했던 위로와 화해가 이루어질 것이다. 나의 마음을 어루만지는 것, 내가 나의 손을 잡는 것, 스스로와 함께하는 일. 그것이 우리가 경험하는 최초의 연대일지 모른다. 그 경험이 타인과 함께하는 길로 이끌며 새로운 세상으로 향하게 할 것이다. 어린이·청소년은 어른이 되길 준비하는 덜 자란 사람이 아니다. 또 다른 오늘을 살아갈 나를 지지하는 가장 좋은 친구이자 삶의 동반자가 되는, 사라지지 않고 함께할 존재다. 그 길에서 당신은 세상을 바꾸는 시작이자 새로운 길을 만드는 가능성이 된다. 모든 것이 달라져도 그 사실은 변하지 않는다.

우리의 이름에는
나 자신이 될 수 있는 강력한 힘이 존재한다.
그것이 모여 세상을 변화시킬 것이다.

말랄라 유사프자이

식민 지배에서 벗어난 1948년 대한민국, 한 여성이 죽음
을 맞았다. 그 뒤로 많은 말이 오랫동안 세상을 뒤덮었으
나 정작 그 자신은 거의 모두 지워지고 있었다. 그럼에도
서로 힘을 모은 이 땅의 여성들은 함께 그물을 엮으며 역
사 깊은 곳에 가라앉았던 그를 다시 건져 올리고야 말았
다. 긴 시간의 물결에서 어렵게 되찾은 것 가운데에는 이
런 글이 있다.

　　탐험하는 자가 없으면 그 길은 영원히 못 갈 것이오.*

　　꿈, 모험, 용기, 혁명, 변화, 진보…… 고대 신화에서부
터 역사, 수많은 이야기에 이르기까지 그런 말은 거의 언
제나 남자들 몫이었다. 시간과 장소에 상관없이 세상의

---

*　　나혜석, 『나혜석, 글쓰는 여자의 탄생』, 장영은 엮음, 민음사 2018, 4쪽.

주인공은 거의 늘 남자들이었기 때문이다. 하지만 그는 더욱 당차고 도발적인 말을 이어 간다.

> 우리가 욕심내지 아니하면
> 우리가 비난을 받지 아니하면
> 우리의 역사를 무엇으로 꾸미잔 말이오.
> 다행히 우리 조선 여자 중에 누구라도
> 가치 있는 욕을 먹는 자 있다 하면
> 우리는 안심이오.**

딸이자 아내요 어머니였던 그는 빼앗긴 나라를 위해 위험 속을 거닌 조선인이었고, 다른 여성들과 새로운 세상을 나누고 싶어 한 지식인이었으며, 무엇보다 한 인간으로 존재하길 끊임없이 바란 여성이었다. 그 바람을 끝내 버리지 않았다는 이유로 비난과 외면 속에 삶을 마친 화가이자 작가 나혜석. 인종 차별과 계급 차별만큼이나 오래된 식민 지배에 맞선 나혜석은 여성 예술가이자 이혼한 여성으로서도 자신을 포기하지 않았기에 또다시 외면당했다. 하지만 그는 죽는 날까지 붓과 펜을 놓지 않았

***

** 같은 책, 4쪽.

다. 흔히 그 삶의 마지막은 외롭고 쓸쓸했다 기록되지만 그것은 절반의 사실일 뿐, 나혜석은 눈감는 순간까지 스스로를 포기하지 않았다. 평가받지 못할 그림을 계속 그리고 발표할 데 없는 글을 멈추지 않았다. 자기 삶을 뜨겁게 사랑했기에 홀로 세상과 맞서야 했던 그는 결국 스러졌지만 사라지지는 않았다. 나혜석은 권리를 빼앗긴 이들이 동등한 존재가 되기 위한 싸움에 주춧돌로 남았다.

세상은 언제나 개인보다 조금 늦게 움직이지만 한 사람 한 사람의 꿈과 소망은 늘 의미를 지닌다. 때로는 무모해 보이고 때로는 비현실적이라는 말을 들어도 그런 꿈이 모여 결국 세상을 변화시키기 때문이다. 오랫동안 소수자로서 차별받으면서도 싸움을 멈추지 않으며 세상을 변화시킨 여성들은 지금 우리에게 좋은 안내자가 되어 준다. 그들은 차별의 피해자이고 희생자인 동시에 그에 맞선 선구자였다. 서로 다른 시간과 장소에서, 세상은 변해야 하고 결국 변할 것이라는 믿음을 이어 간 여성들은 끝내 새로운 길을 만들어 내며 그 믿음이 진실임을 증명했다. 그들이 보여 준 용기를, 지금 당신이 또 다른 시작이라는 사실을 전할 수 있다면 더 바랄 게 없을 것이다.

새로운 길을 만드는 여자들

이 책을 쓰는 동안, 빈말로도 괜찮았다 하기 어려울 만큼 예민한 장녀였던 내가 집에서는 성별로 질책당한 적이 없다는 사실이 떠올랐다. 부모님은 완벽하진 않았어도 최대한 공평하고 정직하려 했고, 그 노력으로 우리는 상처를 주고받으면서도 화해할 수 있었다. 그런 어른이 되고 싶다고 생각하게 해 준 두 분에게 깊은 감사와 사랑을 전한다. 어려웠던 시간에도 변치 않는 모습으로 버팀목이 되어 준 남편과 그 속에서 힘을 내며 성장한 딸 채은이에게, 내 모든 글은 두 사람과 늘 함께하고 있음을 고백한다. 이 책의 첫 독자가 되어 시작부터 끝까지 솔직한 감상으로 큰 도움을 준 청소년 고은별 님과 그 어머니 이현숙 님에게도 감사드린다. 또한 이 책을 읽으며 나를 떠올려 주는 모든 분에게 고마움을 표한다. 가능성을 발견해 주고 새로운 과정으로 이끌어 준 돌베개 편집부에도 감사의 말을 전한다.

2023년 봄
신세은

단행본

가시라기 히로키 『먹는 것과 싸는 것』, 김영현 옮김, 다다서재 2022.

강내희 『길의 역사-직립 존재의 발자취』, 문화과학사 2016.

국제아동인권센터·세이브더칠드런·유니세프한국위원회 『선언에서 이행으로 한국의 아동권리협약 30년』, 틈새의 시간 2021.

국학진흥연구사업추진위원회 『규합총서』, 한국정신문화연구원 2000.

권미정·림보·희음 『김용균, 김용균들-싸울 때 제대로 살아갈 수 있는 사람들』, 사단법인 김용균재단 기획, 오월의봄 2022.

김고연주 외 『페미니즘 교실』, 수신지 그림, 돌베개 2019.

김삼웅 『진보와 저항의 세계사』, 철수와영희 2012.

김원영 『실격당한 자들을 위한 변론』, 사계절 2018.

김이경 『싸우는 여자들, 역사가 되다』, 윤석남 그림, 한겨레출판 2021.

나탈리 코프만 켈리파 『최악의 여성, 최초의 여성, 최고의 여성』, 이원희 옮김, 작가정신 2019.

나혜석 『나혜석, 글쓰는 여자의 탄생』, 장영은 엮음, 민음사 2018.

노동환경건강연구소 『고통에 이름을 붙이는 사람들』, 포도밭출판사 2021.

노무현 『존경하는 국민 여러분, 노무현입니다』, 노무현재단 엮음, 돌베개 2022.

데비 레비 『루스 베이더 긴즈버그의 정의를 향한 여정』, 휘트니 가드너 그림, 지민 옮김, 북극곰 2021.

데이비드 로버츠 『서프러제트 세상을 바꾼 여성 참정권 운동가들』, 신인수 옮김, 이진옥 감수, 대교북스주니어 2021.

루스 베이더 긴즈버그 『긴즈버그의 차별정의』, 이나경 옮김, 코리 브렛 슈나이더 해설, 블랙피쉬 2021.

루스 베이더 긴즈버그·헬레나 헌트 『긴즈버그의 말』, 오현아 옮김, 마음산책 2020.

르 클레지오 『프리다 칼로& 디에고 리베라』, 백선희 옮김, 다빈치 2011.

리베카 솔닛 『이것은 이름들의 전쟁이다』, 김명남 옮김, 창비 2018.

마리아 바스타로스, 나초 M 세가라 『여자의 역사는 모두의 역사다』, 크리스티나 다우라 그림, 김유경 옮김, 롤러코스터 2020.

마우로 무나포 『이상한 나라의 위험한 가짜 뉴스』, 마르타 판탈레오 그림, 김지우 옮김, 우리학교 2022.

말랄라 유사프자이·리즈 웰치 『우리는 난민입니다』, 박찬원 옮김, 문학동네 2020.

말랄라 유사프자이·크리스티나 램 『나는 말랄라』, 박찬원 옮김, 문학동네 2014.

미야노 마키코·이소노 마호 『우연의 질병, 필연의 죽음』, 김영현 옮김, 다다서재 2021.

박석분 『인물 여성사』, 새날 1994.

박석분·박은봉 『인물여성사－한국편』, 새날 1994.

박지연·배경내·이묘랑·이은선·최유경 『우리는 청소년 시민입니다』, 휴머니스트 2022.

박현희·이철수·배경내·송승훈·하종강 『나는 무슨 일하며 살아야 할까?』, 철수와영희 2011.

브누아트 그루 『올랭프 드 구주가 있었다』, 백선희 옮김, 마음산책 2014.

빅토리아 텐틀러 클롤로프 『자하 하디드－편견에 맞서 새로움을 창조한 건축가』, 이순영 옮김, 북극곰 2021.

사와다 도모히로 『마이너리티 디자인』, 김영현 옮김, 다다서재 2022.

사이토 하루미치 『목소리 순례』, 김영현 옮김, 다다서재 2022.

새러 홉킨스 브래드퍼드 『흑인들의 모세 해리엇 터브먼』, 정탄 옮김, 아라한 2020.

스테판 에셀 『분노하라』, 임희근 옮김, 돌베개 2011.

신지영·김대현 『법정에서 만난 역사』, 창비 2015.

아이린 카먼·셔나 크니즈닉 『노터리어스 RBG』, 정영태 옮김, 글항아리 2016.

애덤 러더포드 『우리는 어떻게 지금의 인간이 되었나』, 김성훈 옮김, 반니 2019.

앤 드루얀 『코스모스: 가능한 세계들』, 김명남 옮김, 사이언스북스 2020.

앤서니 애브니 『천 개의 우주』, 이초희 옮김, 추수밭 2022.

어맨다 레덕 『휠체어 탄 소녀를 위한 동화는 없다』, 김소정 옮김, 을유문화사 2021.

에리히 프롬 『나는 왜 무기력을 되풀이하는가』, 장혜정 옮김, 나무생각 2016.

_____ 『여성과 남성은 왜 서로 투쟁하는가?』, 이은자 옮김, 부북스 2009.

_____ 『우리는 여전히 삶을 사랑하는가』, 라이너 풍크 엮음, 장혜경 옮김, 김영사 2022.

_____ 『자유로부터의 도피』, 김석희 옮김, 휴머니스트 2020.

에멀린 팽크허스트 『싸우는 여자가 이긴다』, 김진아·권승혁 옮김, 현실문화 2016.

옌스 안데르센 『우리가 이토록 작고 외롭지 않다면』, 김경희 옮김, 창비 2020.

왕가리 마타이 『위대한 희망』, 최재경 옮김, 김영사 2011.

_____ 『지구를 가꾼다는 것에 대하여』, 이수영 옮김, 민음사 2012.

우성주 『프리다 칼로, 타자의 자화상』, 이담북스 2011.

유화열 『여자의 재능은 왜 죄가 되었나』, 미술문화 2022.

은유 『알지 못하는 아이의 죽음』, 임진실 사진, 돌베개 2019.

_____ 『있지만 없는 아이들』, 국가인권위원회 기획, 창비 2021.

이지유 『나의 과학자들』, 키다리 2020.

장영은 『여성, 정치를 하다』, 민음사 2021.

재원 편집부 『프리다 칼로』, 박서보·오광수 감수, 도서출판 재원 2015.

정수임 『교과서에 나오지 않는 위험하고 위대한 여자들』, 우리학교 2018.

정운현 『조선의 딸 총을 들다』, 인문서원 2016.

주디스 휴먼·크리스틴 조이너 『나는, 휴먼』, 김채원·문영민 옮김, 사계절 2022.

청년유니온 『나를 지키는 노동법』, 한겨레출판 2021.

카렌 암스트롱 『신의 전쟁─성스러운 폭력의 역사』, 정영목 옮김, 교양인 2021.

_____ 『축의 시대』, 정영목 옮김, 교양인 2010.

케르스틴 뤼커·우테 댄셸 『처음 읽는 여성 세계사』, 장혜경 옮김, 어크로스
    2018.

크리스티나 램 『관통당한 몸』, 강경이 옮김, 한겨레출판 2022.

톰 필립스 『인간의 흑역사』, 홍한결 옮김, 윌북 2019.

_____ 『진실의 흑역사』, 홍한결 옮김, 윌북 2020.

프리다 칼로 『프리다 칼로, 내 영혼의 일기』, 안진옥 옮기고 엮음, BMK 2016.

함민복 『모든 경계에는 꽃이 핀다』, 창비 1996.

Architects design Zaha Hadid, capress 2014.

Maria A. Ressa, *Seeds of Terror*, Free Pr 2011.

논문

김기녀 「중세 독일의 여성 자연과학자 힐데가르트 폰 빙엔」, 《독일언어문학》
    제69집, 한국독일언어문학회 2015.

김수연, 「조선시대 고증적 박물학자 빙허각 이씨」, 《이화어문논집》 제44집,
    이화어문학회 2018.

김영희 「올랭프 드 구주의 노예제 인식」, 한국교원대학교 대학원 2005.

김종선 「올랭프 드 구주를 세계사 교과서에서 어떻게 다뤄야 할 것인가?」, 대
    구대학교 교육대학원 2009.

김진강 「중세 여성사 연구의 어제, 오늘, 그리고 내일」, 이화여자대학교 대학
　　원 2007.

박영민 「빙허각 이씨의 고증학적 태도와 유서 저술-『청규박물지』 「화목부」를
　　대상으로」, 《한국고전여성문학연구》 제36집, 한국고전여성문학회 2018.

_____ 「빙허각 이씨의 『청규박물지』 저술과 새로운 여성지식인의 탄생」, 《민
　　족문화연구》 제72호, 고려대학교 민족문화연구원 2016.

_____ 「조선 시대 한글 번역서와 여성 지식사」, 《민족문화연구》 제94호, 고
　　려대학교 민족문화연구원 2022.

신수진 「비장애 형제자매의 돌봄 경험 연구-ㅂ 사회적협동조합가족 사례를
　　중심으로」, 제주대학교 대학원 2022.

이은결 「서양 근대 초기 여성교육 옹호자들의 관점 비교 분석-여성교육론의
　　구상과 성격을 중심으로」, 청주대학교 대학원 2015.

이지영 「힐데가르트 폰 빙엔의 도덕극 '오르도 비르투툼' 연구」, 한양대학교
　　대학원 2018.

그 밖에

라모나 S. 디아즈 <천 개의 상흔> 다큐멘터리, 2020.

이정우 <철학사 입문코스 1. 철학의 탄생>, 아트앤스터디 2005.

「2021/22 국제앰네스티 연례인권보고서」.

《창비어린이》 통권 76호, 2022 봄호.

《한국 스켑틱》 Vol.18, 2019.

TIME, 2018.12.24-31.

다음 지식백과

동아일보

미디어오늘

서울신문

시사인

여성신문

조선일보

주간경향

중앙일보

한겨레

WIKIPEDIA